古典文獻研究輯刊

三十編

潘美月・杜潔祥 主編

第 9 冊

圖海
——中日《三才圖會》的分析與探索（中）

何 立 民 著

國家圖書館出版品預行編目資料

圖海──中日《三才圖會》的分析與探索（中）／何立民　著 ─
初版 ─ 新北市：花木蘭文化事業有限公司，2020〔民109〕
目 4+172 面；19×26 公分
（古典文獻研究輯刊 三十編；第 9 冊）
ISBN 978-986-518-094-2（精裝）
1. 類書 2. 研究考訂
011.08　　　　　　　　　　　　　　　　　109000647

ISBN-978-986-518-094-2

9 789865 180942

古典文獻研究輯刊
三十編　第 九 冊　　　　　ISBN：978-986-518-094-2

圖海──中日《三才圖會》的分析與探索（中）

作　　者　何立民
主　　編　潘美月　杜潔祥
總 編 輯　杜潔祥
副總編輯　楊嘉樂
編　　輯　許郁翎、張雅淋　美術編輯　陳逸婷
出　　版　花木蘭文化事業有限公司
發 行 人　高小娟
聯絡地址　235 新北市中和區中安街七二號十三樓
　　　　　電話：02-2923-1455／傳真：02-2923-1452
網　　址　http://www.huamulan.tw　信箱 hml 810518@gmail.com
印　　刷　普羅文化出版廣告事業
初　　版　2020 年 3 月
全書字數　266371 字
定　　價　三十編 18 冊（精裝）新台幣 40,000 元　　版權所有‧請勿翻印

圖海
——中日《三才圖會》的分析與探索（中）

何立民　著

目

次

第四章　兩部《三才圖會》的文獻使用情況（上）

第一節　兩部《三才圖會》的文獻使用簡況

　　作爲中日兩部極其重要的圖譜類書，《三才圖會》與《和漢三才圖會》在編纂過程中，參考、借鑑、引用了數量巨大的各類文獻，本節略作引述。本章其他小節及第五章則選取部分典型代表，具體分析兩部《圖會》文獻使用、借鑑、改造等方面的情況。

一、《三才圖會》文獻借鑑簡況

　　截至目前，關於《三才圖會》文獻使用情況，僅有俞陽《〈三才圖會〉研究》等作品中略有述及，但皆殘闕不全，且有較多誤解。

　　以《〈三才圖會〉研究》爲例，俞陽先生第二章名爲《〈三才圖會〉引書考》，共有六頁，約兩千字，簡單歸納了《三才圖會》的引書情況。其中，經部引文五十九種，史部一〇〇種，子部一三〇種，集部六種。不過，據筆者的歸納與分析，俞氏統計結果可能是根據正文中明確提到的文獻統計而成，並且該文中所列文獻，出處統計也有明顯疏漏。另外，俞氏調查引書的方法也有明顯問題。筆者注意到，俞氏所列各種四部文獻，《三才圖會》正文中雖皆有出現，但王圻與王思義兩人，並非直接參閱原始文獻，而是根據諸多二手文獻、類書或工具書中採集、彙編而成。只有明確此觀點，我們才能詳細而準確地統計出《三才圖會》借鑑文獻的具體種類與數量。

　　筆者利用「愛如生中國基本古籍庫」等重要數據庫，對《三才圖會》文獻借鑑情況進行較爲詳細的分析與統計。明確屬於某部圖書者，皆歸入某書中；暫時僅僅知曉篇目、無法歸入某人著作中的情況，暫按單篇文獻統計。經初步歸納與保守估計，王氏《三才圖會》總參考文獻數量，當不超過三百種，筆者將有出處明確的文獻（一九四種），列表如下：

《三才圖會》參考文獻統計表

序號	文獻名稱	序號	文獻名稱
1	抱朴子	2	北戶錄
3	本草發明	4	本草圖經
5	草訣百韻圖	6	成化山西通志
7	城塞論	8	重樓玉鑰
9	重修宣和博古圖	10	重修眞傳琴譜
11	籌海圖編	12	初學記
13	除紅凡例	14	瘡瘍經驗全書
15	春秋二十國年表圖	16	春秋元命苞
17	賜遊西苑記	18	打馬圖經
19	大明會典	20	大明集禮
21	大明禮志	22	大明一統賦
23	大學衍義補	24	大易象數鈎深圖
25	島夷志略	26	地理人子須知
27	東家雜記	28	洞天福地嶽瀆名山記
29	讀律瑣言	30	耳談類增
31	爾雅	32	爾雅疏釋
33	爾雅翼	34	古今遊名山記
35	觀象玩占	36	管窺外篇
37	廣群芳譜	38	廣輿圖
39	廣志繹	40	郭公陽宅書
41	郭林宗秘訣	42	海防圖論
43	海內奇觀	44	寒溪山記
45	漢書	46	弘治八閩通志
47	虎鈐經	48	花木記
49	畫竹譜	50	淮南鴻列解

序號	文獻名稱	序號	文獻名稱
51	皇都水利	52	皇極經世書
53	黃帝內經	54	回文類聚
55	活人心法	56	紀效新書
57	霽山先生文集	58	嘉靖嘉興府圖記
59	羯鼓錄	60	景德傳燈錄
61	九邊圖論	62	舊唐書
63	居家必用事類全集	64	倦遊錄
65	坤輿萬國全圖	66	括異志
67	樂律全書	68	樂律志
69	類經圖編	70	禮部志稿
71	禮記	72	利器解
73	歷代地理指掌圖	74	曆書
75	練兵雜紀	76	列子
77	靈憲經	78	六經奧論
79	六經天文編	80	六氣論
81	六壬遁甲	82	龍正八陣合變圖說
83	路史	84	論蘇秦辨六國疆界
85	馬政志	86	脈經
87	毛詩集解	88	孟子
89	閩中海錯疏	90	名醫別錄
91	明太祖實錄	92	明一統志
93	農政全書	94	埤雅
95	七十二峰記	96	七修類稿
97	齊民要術	98	虔鎮事宜
99	潛虛	100	泉志
101	群芳譜	102	蓉塘詩話
103	三國遺事	104	山堂考索
105	山堂肆考	106	尚書
107	神仙傳	108	神相全編
109	詩集傳	110	詩經
111	詩餘圖譜	112	十八大阿羅漢頌
113	十八學士贊	114	史記八風解

序號	文獻名稱	序號	文獻名稱
115	世本	116	事林廣記
117	事物紀原	118	釋氏稽古略
119	說文解字	120	司馬法
121	宋史	122	搜神記
123	隋書	124	歲時廣記
125	太平御覽	126	唐書
127	天地始終說	128	天地儀
129	天祿閣外史	130	天原發微
131	天中記	132	條上李汲泉中丞海寇事宜
133	通典	134	通志
135	王禎農書	136	圍棋圖
137	文公家禮	138	文獻通考
139	五嶽游草	140	武備志
141	武經總要	142	西園聞見錄
143	寫梅論	144	啓蒙意見
145	新定三禮圖	146	新刊唐荊川先生稗編
147	新刻天下四民便覽三台萬用正宗	148	新唐書
149	星槎勝覽	150	續文獻通考
151	璿璣圖敘	152	懸笥瑣探
153	選擇求眞	154	岩棲幽事
155	弇州山人四部稿	156	演蘇眉山十八羅漢偈
157	儼山外集	158	雁來紅
159	陽宅十書	160	楊琚奏章
161	野菜博錄	162	夜航船
163	乙巳占	164	易經解
165	易學啓蒙	166	異域志
167	永樂大典	168	酉陽雜俎
169	郁離子	170	元豐九域志
171	元史	172	月圖吉凶注
173	岳陽樓記	174	雲岐子脈決
175	造命宗鏡集	176	宅寶經
177	張果星宗	178	彰德府志

序號	文獻名稱	序號	文獻名稱
179	鄭合沙（東卿）	180	鄭氏家禮
181	證類本草	182	至正河防記
183	治河三策	184	治河議
185	周禮	186	周易本義
187	朱子家禮	188	朱子語類
189	竹樓記	190	竹書紀年
191	資暇錄	192	子午花
193	祖庭廣記	194	遵生八牋

　　上表中，既有單篇文獻，又有圖書作品，還有諸如《明會典》、《明一統志》、《證類本草》、《永樂大典》等體量較大的作品。部分暫未查明具體出處（或較難歸入某種作品）的單篇作品，亦分別列出。如果按照四部分類法劃分的話，子部文獻佔據半壁江山，其次是史部，而集部文獻最少，只有區區十餘種。當然，無可否認的是，《三才圖會》中「人物」、「時令」、「人事」、「文史」等卷目中，仍有數量不菲的文字，暫未溯源成功（如前所述，僅考文字中出現之文獻名目，無法確認來源情況）。

　　據初步估計，《三才圖會》引用各類文獻中，排名前十五位的作品統計如下（按照作品首字拼音排序）：

　　《重修宣和博古圖》（宋王黼等撰）。

　　《爾雅翼》（宋羅願撰）。

　　《古今遊名山記》（明何鏜輯）。

　　《明會典》（明申時行等撰）。

　　《明集禮》（明徐一夔等撰）。

　　《明太祖實錄》（明官修）。

　　《明一統志》（明李賢等撰）。

　　《類經圖翼》（明張景岳撰）。

　　《埤雅》（宋陸佃撰）。

　　《詩餘圖譜》（明張綖撰）。

　　《通志》（宋鄭樵撰）。

　　《王禎農書》（元王禎撰）。

　　《五嶽遊草》（明王士性撰）。

《武經總要》（宋曾公亮等撰）。

《證類本草》（宋唐慎微撰／《本草圖經》〔註1〕，宋蘇頌撰）。

仔細觀察上述十五種書目，筆者注意到：王氏引文注重從大型政書，如《明集禮》、《明會典》中選取重要材料，以充實「儀制」、「器用」等重要卷次。《古今遊名山記》、《五嶽游草》屬地理遊記類作品，《三才圖會‧地理》傳文部分，節選極多；另外，「地理」部分，王氏還參考《廣輿圖敘》、《九邊圖論》等重要地理學作品。王氏父子非天文、算學專家，因此其「天文」部分多引用《通志》一書。《三才圖會》中還借鑑大量軍事作品，其主要參考對象是宋人曾公亮的《武經總要》〔註2〕、明人鄭若曾《籌海圖編》、戚繼光《紀效新書》、胡宗憲《海防圖論》等作品。

《三才圖會》「器用」、「鳥獸」、「草木」部分大量引用本草類作品，據筆者初步考查，王氏參閱者，非李時珍《本草綱目》，而是唐慎微的《證類本草》，確切地說，王氏主要參閱了《證類本草》所收錄的宋人蘇頌作品《本草圖經》〔註3〕。同樣，與徐光啓《農政全書》相似，《三才圖會》「器用」卷中所載大量農學圖傳，王氏亦大量參閱《王禎農書》。

《三才圖會》還參考《爾雅翼》、《埤雅》等大量訓詁學作品，作爲立說之據。這一方面容易產生歧義，筆者簡單加以分析。《三才圖會》中有大量《說文解字》、《釋名》、《爾雅》、《小爾雅》、《廣雅》、《方言》、《玉篇》、《集韻》、《廣韻》等小學作品的引文，俞陽先生將其直接作爲原書引文對待，這是不準確的、不嚴謹的處理方法。經過仔細辨析，筆者認爲，王氏父子在編纂《三才圖會》時，並未直接參考這些作品，而是轉引了《爾雅翼》、《埤雅》等宋人作品，這是我們需要注意的地方。

另外，《三才圖會》在文獻借鑑中，還有收錄整部圖書、節選重要部分的情況。關於前者，最典型者莫過於《詩餘圖譜》一書。《三才圖會》「文史」卷三後半及卷四全部，王思義將《詩餘圖譜》一書全部納入，僅將著者名諱

〔註1〕此書已亡佚，但唐慎微《證類本草》、李時珍《本草綱目》中有大量引文，今人尚志鈞輯校《本草圖經》（安徽科學技術出版社1994年）、胡乃長（《圖經本草》，福建科學技術出版社1988年）等均爲輯復本，可參。

〔註2〕案，中國科學院自然科學史研究所鄭誠副研究員整理的《武經總要前集》（全三冊），作爲張柏春、孫顯斌主編《中國科技典籍選刊》（第二輯）的其中一種，2017年1月已由湖南科學技術出版社出版發行，可參。

〔註3〕下面有專節論述，可參。

去除。關於後者，「器用」卷一、卷二「古器」等卷次，王思義大量引用《重修宣和博古圖》一書；「身體」卷三、卷四等部分，王氏借鑑張景岳《類經圖翼》、《附翼》一書。

二、《和漢三才圖會》文獻借鑑簡況

　　截至目前，筆者尚未得見關於《和漢三才圖會》文獻方面的研究文章。與《三才圖會》採集、借鑑文獻的方法不同，作爲醫學家的寺島良安，在《和漢三才圖會》採集與使用文獻過程中，表現出求實、謹慎、科學、辯證等方面可貴的作法，這是應該引起我們注意的地方。

　　相較而言，《和漢三才圖會》大部分引文直接標示文獻名目與出處，頗便於筆者統計。經認眞梳理，我們亦列文獻統計表如下：

《和漢三才圖會》參考文獻統計表

序號	文獻名稱	序號	文獻名稱
1	阿含經	2	安驥集
3	八編類纂	4	白虎通
5	白氏文集	6	白澤圖
7	百川學海	8	寶積寺緣起
9	寶雲經	10	抱朴子
11	北史	12	北條九代記
13	本草必讀	14	本草洞詮
15	本草綱目	16	本草彙言
17	本朝食鑑	18	本朝式
19	辨才天經	20	辨色立成
21	病源論	22	博物志
23	博弈論	24	蔡襄論書
25	草本花詩譜	26	草本畫譜
27	草木子	28	茶經
29	長阿含經	30	長谷川贈呂宋書
31	常熟縣志	32	陳眉公秘笈
33	懲毖錄	34	初學記
35	楚辭注	36	傳燈錄

序號	文獻名稱	序號	文獻名稱
37	春秋	38	春秋孔演圖
39	春秋說題	40	春秋燕語
41	春秋正義	42	輟耕錄
43	慈恩上生經疏	44	崔寔政論
45	崔瑗授鍾繇永字八法	46	答暹羅國
47	大戴禮	48	大孔雀經
49	大蒙古皇帝奉書日本國王	50	大明會典
51	大明一統志	52	大秦廣隆寺緣起
53	大雙紙	54	代醉篇
55	道經	56	登壇必究
57	地輿志	58	帝王編年紀
59	帝王世紀	60	東觀記
61	東國通鑑	62	東坡志林
63	東西洋考	64	遯齋閑覽
65	爾雅	66	爾雅集註
67	爾雅疏釋	68	爾雅翼
69	爾雅注	70	法華經
71	法華文句	72	法苑珠林
73	幡涅槃經	74	翻譯名義集
75	方角抄	76	方言
77	方丈記	78	霏雪錄
79	風俗通	80	風土記
81	佛說摩訶迦羅大黑天神經	82	佛祖統記
83	扶桑略記	84	符瑞圖
85	婦人良方	86	富士山記
87	紺珠集	88	高句麗書
89	高僧傳	90	庚己編
91	庚辛玉冊	92	公事根源
93	公羊傳	94	古今詩話
95	古今醫統	96	古今注
97	古史考	98	古事紀

序號	文獻名稱	序號	文獻名稱
99	谷響集	100	穀梁傳
101	管子	102	廣博物志
103	廣五行紀	104	廣雅
105	廣韻	106	郭璞
107	國語注	108	海東諸國記
109	海上名方	110	韓詩外傳
111	韓子外傳	112	漢紀別傳
113	漢書音義	114	漢書注
115	漢武故事	116	漢語抄
117	和名抄	118	鶴林玉露
119	衡嶽志	120	侯鯖錄
121	花品錄	122	花史
123	化書	124	畫譜
125	淮南子	126	桓武天皇詔書
127	寰宇記	128	黃帝內傳
129	回春	130	集驗方
131	紀貫之集	132	寂寞草
133	家禮	134	兼名苑
135	犍陀羅	136	江家次第
137	今昔物語	138	金剛經注
139	錦繡萬花谷	140	晉山世稿
141	晉書注	142	荊楚歲時記
143	荊川武編	144	經世書
145	救荒本草	146	舊事本紀
147	居家必用	148	橘譜
149	看雲行占	150	考工記
151	樂書	152	類經附翼
153	類經圖翼	154	類聚國史
155	類書纂要	156	類苑
157	楞嚴經	158	理學類編
159	禮記	160	禮記註疏

序號	文獻名稱	序號	文獻名稱
161	立世經	162	簾中抄
163	鎌倉大草子	164	兩朝平壤錄
165	列女傳	166	列子湯問
167	嶺表錄	168	琉球尚寧王遣大明國書
169	劉氏鴻書	170	六書略
171	六韜	172	龍樹菩薩天正驗記
173	陸機詩疏	174	呂氏春秋
175	律曆志	176	論大江時棟之詩
177	論衡	178	羅山文集
179	夢溪筆談	180	蒙筌
181	孟子	182	秘傳花鏡
183	閩書	184	明堂經
185	摩訶般若經	186	木本花詩譜
187	木本畫譜	188	木槵子經
189	南產志	190	南方異物志
191	南浦文集	192	南史
193	南中志	194	內典
195	內經	196	年中行事
197	涅槃經	198	牛經大全
199	農政全書	200	佩觽集
201	毗羅三昧經	202	埤雅
203	平成天皇詩	204	平家物語
205	平陽雁蕩山志	206	普陀山志
207	奇異雜談	208	耆婆五藏論
209	齊春秋	210	齊民要術
211	氣韻	212	千金方
213	千手經	214	千字文注
215	漢書	216	潛夫論
217	切韻	218	秦中歲時記
219	禽經	220	泉州府志
221	闕里志	222	群忌際集

序號	文獻名稱	序號	文獻名稱
223	群談採餘	224	日本後記
225	日本紀	226	撒採納體會
227	三巴記	228	三才圖會
229	三代實錄	230	三國史記
231	三界紀	232	三禮圖
233	僧祇律	234	僧史略
235	山海經	236	邵氏後錄
237	神靈經	238	神明帳
239	神社啓蒙	240	神樞
241	神系圖	242	神仙傳
243	神仙方	244	神相全編
245	神異經	246	尸子
247	詩	248	十節記
249	十節錄	250	十四經
251	石季龍載記	252	拾芥抄
253	拾遺記	254	食鑑
255	食經	256	食物本草
257	實錄	258	史記
259	世本	260	世法錄
261	世風記	262	世說新語
263	世諺物語	264	事類全書
265	事始	266	事文類聚
267	事文要言	268	事物紀源
269	事苑	270	釋鑑稽古錄
271	釋門正統	272	釋名
273	釋氏要覽	274	書經注
275	書史會要	276	書言故事
277	菽園雜記	278	述異記
279	數珠功德經	280	說文
281	說苑	282	司馬法
283	四聲字苑	284	四十二章經
285	四時纂要	286	宋景濂文集
287	宋史	288	宋書

序號	文獻名稱	序號	文獻名稱
289	搜神記	290	蘇鶚演義
291	素問	292	算學啓蒙
293	歲時記	294	碎金錄
295	太平廣記	296	太平御覽
297	唐類鑑	298	唐令
299	唐史	300	唐式
301	唐書	302	唐韻
303	桃花蕊葉	304	陶朱養魚經
305	天皇詔書	306	天經或問
307	天文書	308	聽雨紀談
309	聽雨齋集	310	通典
311	通鑑綱目	312	通書正宗
313	通俗文	314	通志
315	徒然草	316	土宿本草
317	萬寶全書	318	萬病回春
319	萬異術	320	翫月詩
321	王制	322	魏略
323	魏書	324	魏志
325	文德實錄	326	文公家禮
327	文獻通考	328	文選
329	文字集略	330	倭名抄
331	吳越春秋	332	吳子序
333	五車韻端	334	五代史
335	五鳳集	336	五雷經
337	五行傳	338	五雜組
339	武備志	340	武編
341	物理論	342	西宮記
343	西京雜記	344	西域記
345	悉曇抄	346	錫杖經
347	相感志	348	小說
349	心經注	350	新編鐮倉志
351	新論	352	新書
353	興化府志	354	姓氏錄
355	修行道地經	356	續齊諧記

序號	文獻名稱	序號	文獻名稱
357	續日本後記	358	續日本紀
359	續神仙傳	360	續事始
361	續醫說	362	軒轅內傳
363	玄奘三藏表	364	玄中記
365	荀子	366	延喜式
367	顏氏家訓	368	鹽鐵論
369	養生論	370	鄴中記
371	醫學入門	372	易
373	異苑	374	義楚六帖
375	藝文類聚	376	因果經
377	瀛涯勝覽	378	永嘉記
379	用筆九生法	380	幽怪錄
381	酉陽續集	382	酉陽雜俎
383	盂蘭盆經	384	瑜伽論
385	虞書	386	語林
387	玉海	388	玉論
389	玉篇	390	玉樞經
391	諭阿媽港	392	元亨釋書
393	元史	394	原痘論
395	原始	396	源平盛衰記
397	源氏物語	398	緣起略
399	月令	400	韻府
401	韻府續編	402	韻海
403	韻語陽秋	404	雜寶藏經
405	造化權輿	406	增一經
407	增韻	408	戰國策
409	漳州府志	410	枕草紙
411	枕雙紙	412	震澤長語
413	鎮江府志	414	正法念經
415	直指方	416	職原抄
417	致富全書	418	智證大師年譜
419	種花果法	420	種樹書
421	周伯溫	422	周禮
423	周易集林	424	著聞集

序號	文獻名稱	序號	文獻名稱
425	莊子	426	子平命鑑
427	紫雲山來迎寺傳	428	字彙
429	字書	430	字說
431	纂文	432	纂要
433	遵生八箋	434	左傳
435	左傳注	436	佐佐木家譜
437	作者部類		

　　據上表，與《三才圖會》引文不到三百種相比，《和漢三才圖會》引述文獻總數有可能突破五百種。筆者在梳理《和漢三才圖會》時，凡有明確書名、篇名、樂名、舞名及經典文獻之傳、箋、注、章句〔註4〕等，皆單獨列出，並加以統計，以現《和漢三才圖會》博覽群書、匯集眾說之實。如以四部分類法劃分的話，《和漢三才圖會》廣涉經、史、子、集四部，子部文獻約佔三分之二弱，其次是史部。相較而言，《和漢三才圖會》引用經部、集部文獻明顯增多，這是值得注意的地方。

　　與《三才圖會》相比，《和漢三才圖會》文獻還有獨特之處，下面亦簡約敘述之。首先，《和漢三才圖會》最大的特色在於書中引用大量日本古文獻，其中最有名的則是「六國史」〔註5〕中的《日本紀》、《續日本紀》、《日本後記》《續日本後紀》、《日本三代實錄》等。寺島良安出身醫門，博覽群書，纂著《和漢三才圖會》時多引用「六國史」文獻亦屬正常，此與王氏父子多參考《明集禮》、《明會要》、《明一統志》性質相同。除「六國史」外，良安還引用《和名抄》（全名《和名類聚抄》，亦名《龢名抄》、《倭名抄》等）、《辨色立成》、《拾芥抄》等重要文獻。同時，《扶桑略記》、《新編鎌倉志》、《佐佐木家譜》等史部文獻，《羅山文集》、《紀貫之集》及《源氏物語》、《今昔物語》、《平家物語》、《枕草子》、《枕雙紙》等集部文獻，亦屬重點參考對象。

〔註4〕寺島良安引經典傳、注、章句等文獻時，大部分未注明作者與編纂者信息，因此不易區別者皆載之。

〔註5〕即日本奈良時代、平安時代所纂六部史書之總稱，其目如下：《日本書紀》（舍人親王撰）、《續日本紀》、（菅野眞道、藤原繼繩等撰）、《日本後紀》（藤原冬嗣、藤原緒嗣等撰）、《續日本後紀》（藤原良房、春澄善繩等撰）、《日本文德天皇實錄》（藤原基經、菅原是善、嶋田良臣等撰）、《日本三代實錄》（藤原時平、大藏善行、管原道眞等撰）。

其次，寺島良安還注重吸收古朝鮮文獻，以爲論證，以廣見聞。《和漢三才圖會》中較爲重要的朝鮮文獻有《三國史記》、《東國通鑑》、《海東諸國記》。其中，前者爲金富軾等編纂的朝鮮官修紀傳體正史作品，全書五十卷，包括新羅本紀十二卷、高句麗本紀十卷、百濟本紀六卷、年表三卷、雜志九卷、列傳十卷等六部分，編纂體例與中國傳統「二十四史」基本相同。《東國通鑑》亦爲朝鮮官修史書，其體裁爲編年體，由徐居正、鄭孝恒等領銜編纂而成。《海東諸國記》則爲朝鮮駐日使臣書信官申叔舟撰寫而成，主要以朝鮮人之眼光，記載日本、琉球諸國事〔註6〕。據此，寺島良安所引朝鮮文獻，主要以官修作品、駐日使官作品爲主，體現寺島良安的選材與編纂原則。

《和漢三才圖會》所載各類文獻中，數量排名前十五位的作品分別統計如下（以文獻名目首字拼音排序）：

《本草綱目》（明李時珍撰）。

《陳眉公秘笈》（明陳繼儒撰）。

《大明一統志》（明李賢等撰）。

《登壇必究》（明王鳴鶴撰）。

《古今醫統》（明徐春甫撰）。

《廣博物志》（明董思張撰）。

《和名抄》（日源順纂）。

《農政全書》（明徐光啓撰）。

《日本書紀》（日舍人親王等撰）。

《三才圖會》（明王圻、王思義撰）。

《釋名》（東漢劉熙撰）

《事物紀源》（宋高承撰）。

《五雜組》（明謝肇淛撰）。

《續日本紀》（日菅野眞道等撰）。

《字彙》（明梅膺祚纂）。

分析以上十五種書目，筆者注意到：寺島良安以採擷中國明代文獻爲主，以日本、朝鮮古文獻爲輔。雖然良安生活於江戶時期（清康熙時期），但其所採文獻仍以明代文獻爲主，其中《本草綱目》是值得大書特書的文獻。

〔註6〕正文共包括《日本國紀》、《琉球國紀》、《朝聘應接紀》等三卷。

　　寺島良安行醫多年，深知《本草綱目》的巨大價值與重要意義，因此《和漢三才圖會》中，文獻引用數量排名第一的非《本草綱目》莫屬。良安在參考《本草綱目》時，非全部照抄使用，而是做了重要的編輯、刪減、化裁工作。

　　首先，良安節選《本草綱目》文字，刪除繁複考證的內容，並做必要編排與調整。其次，更重要的是，在節引《本草綱目》文獻時，良安對諸多本草、藥材做了重要的辯證研究，這些辯證研究主要包括圖版比較、考異、替換，以及藥材氣味、藥性、療效、生理、加工等諸多方面的介紹；所載各類醫案及辯證內容，體現了良安行醫數十年的諸多經驗、體會與思考，價值巨大，值得作為專題深入探索。最後，《本草綱目》闕載的各類本草，寺島良安還據徐光啟《農政全書》加以補充，以成完璧。

　　另外，從上述作品內容與性質來看，良安非常關注「博物」類文獻，如《廣博物志》、《陳眉公秘笈》、《五雜組》等，一般將其歸入筆記作品類，但所載各類奇聞異事、奇花異草、奇人怪談等，又接近於「博物」類文獻；與此相似，《事物紀源》、《三才圖會》雖屬於類書範疇，《登壇必究》雖為兵書，此三者亦可歸入「博物」類文獻範疇。

　　寺島良安書中，大量引用《說文解字》、《爾雅》、《釋名》、《玉篇》、《字彙》以及《唐韻》、《廣韻》等中國古代著名小學作品的闡釋，並將有關解釋置首，說明編纂者非常關注所設條目、所涉物品的語義闡釋、內涵外延方面的分析。同時，編纂者還引用《和名抄》、《漢語抄》、《辨色立成》等日本辭書，將中日工具書的闡釋置於一處，加以比較，以現中日辭書闡釋的異同。

第二節　《三才圖會》引農書考──以《王禎農書》為例

　　《三才圖會》參考元代王禎所撰《農書》之處較多，本節我們以清文淵閣四庫全書本〔註7〕、王毓瑚校點本〔註8〕、繆啓愉與繆桂龍譯註本〔註9〕為

〔註7〕下簡稱「四庫本」。
〔註8〕王毓瑚：《王禎農書》，農業出版社1981年。下簡稱「王校本」。王先生校點本，以文淵閣四庫全書本為底本，以明嘉靖本、清武英殿聚珍本參校。
〔註9〕繆啓愉、繆桂龍：《東魯王氏農書譯註》，上海古籍出版社2008年。下簡稱「繆注本」。此譯註本以上述王毓瑚校點本為底本，換言之，繆氏譯註本亦以文淵閣四庫全書本為底本。

據〔註10〕，大致以《三才圖會》卷目爲序，從圖版、傳文兩個方面，加以比較與分析。

一、圖版比較

　　《三才圖會・地理》卷十六「灌溉設施」部分，多引自《王禎農書・農器圖譜集》卷十三「灌溉門」。《水閘圖》圖版部分，《三才圖會》與四庫本、王校本、繆注本《王禎農書》之間，皆有明顯差異。四庫本圖版爲水閘具象圖〔註11〕，水閘隱映於山川、林木之中，形狀逼眞，仿佛可聞河水汨汨之聲。其他三者皆爲水閘線描示意圖，農田溝渠、小路皆載；其中，王校本、繆注本二者略近，農田中木樁皆添加，《三才圖會》中無木樁而有擱板。「宮室」卷二《繭館》之圖，《三才圖會》清晰度稍差，諸本《王禎農書》則形象展示場景，特別是四庫本採用完整一頁篇幅，清晰、形象、細緻展示「繭館」場景，繆注本與四庫本幾乎相同，但圖版標題則作「繭館圖」，王校本亦爲線描圖，但筆觸稚嫩，亦顯樸拙，均無四庫本之流暢、清秀。四庫本《王禎農書》之「先蠶壇」、「蠶神」〔註12〕、「田廬」、「翻車」、「牛轉翻車」等圖版，亦有此特點。

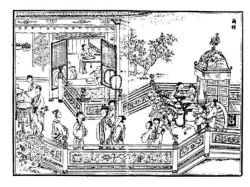

四庫本《王禎農書》之「繭館」、「翻車」

　　又如《圃田圖》，《三才圖會》與諸本《王禎農書》相似，且更加形象細緻，相較而言，四庫本所載最差。又如「宮室」卷二「倉」圖，《三才圖會》

〔註10〕　又，後二本雖以文淵閣四庫全書本爲底本，但圖版仍有較大差別，存疑待考。
〔註11〕　王毓瑚先生曾提到：四庫本當據《永樂大典》鈔本之圖，摹寫而來。參氏校點《王禎農書・校者說明》，農業出版社1981年，第10頁。
〔註12〕　案，《三才圖會》「蠶神」圖傳，載「人物」卷十。「先蠶壇」、「繭室」等載「宮室」卷二。

爲上下結構之圖，王校本、繆注本皆變爲橫圖，四庫全書則索性刪除一半，只保留半圖；《三才圖會》圖版中，穀匣標號爲漢字小寫數字，而王校本、繆注本中則變成了大寫漢字〔註13〕。又如「器用」卷九之「大紡車」，《三才圖會》與王校本、繆注本圖版幾乎相同，四庫本圖版則被壓扁且有殘闕不全之處，與此上述情況相似者，還有圍田等。

王校本《王禎農書・倉》　　　　　　　《三才圖會・倉》

 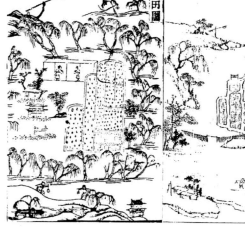

四庫本《王禎農書・倉》　　《三才圖會》、四庫本《王禎農書》所載「圍田」

〔註13〕 同樣，《三才圖會》「囷」、「京」等圖版，無數字標號者，王校本、繆注本圖版則有數字標示。

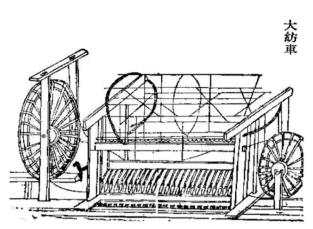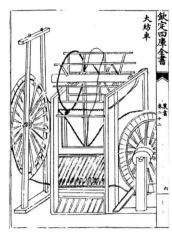

王校本、四庫本《王禎農書》所載「大紡車」

　　《三才圖會》所載圖版，亦有弱於四庫本《王禎農書》者。如《浚渠圖》，草木、溝渠皆形象展現，但堤岸諸木皆橫置，易混淆眼目，無法區分，王校本與《三才圖會》有相似問題，四庫本、繆注本樹木皆立於岸邊，頗為形象，而四庫本更優。又如「大水柵」圖版，《三才圖會》僅為水柵細部描寫，如未見實物，仍不易明了；相對而言，四庫本圖版，場景較為開闊宏大，刻畫更加細緻。又如「水磨」圖版，《三才圖會》共載兩圖，仔細分析當為立輪水磨、臥輪水磨；但四庫本《王禎農書》圖版，不僅描畫細緻，線條流暢，且皆標註名稱，讀者一目了然。與上所述類似者，還有「陰溝」、「井」、「連筒」、「架槽」等。

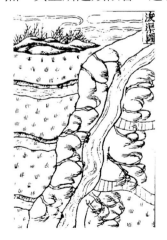

《三才圖會》、四庫本《王禎農書》所載「浚渠」

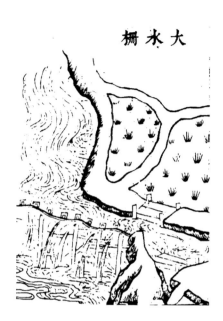

四庫本《王禎農書》、《三才圖會》之「大水柵」

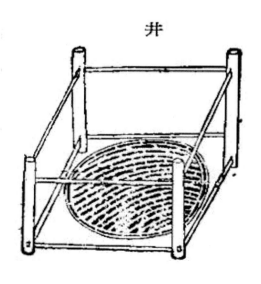

四庫本、王校本《王禎農書》所載「井」圖

四庫本《王禎農書》所載「立輪連二磨」、「臥輪水磨」

其他如陂塘、水塘、圍田、架田、田廬、牛室、颺籃、曬槃、杵臼等圖版，王校本、繆注本皆與《三才圖會》相近，雖然有山林、川澤、道路、結構、細部等方面的細微差別，但是同出一源，即皆源自嘉靖本《王禎農書》。

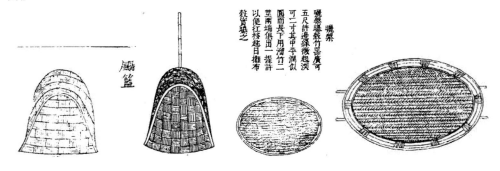

《三才圖會》、四庫本《王禎農書》　　　《三才圖會》、四庫本《王禎農書》之「曬槃」

〔註14〕之「颺籃」

總體來看，《三才圖會》引《王禎農書》所據底本，當如王毓瑚先生所述：「編寫於『嘉靖本』以後和『庫本』以前的《三才圖會》、《農政全書》、《天工開物》、《古今圖書集成》、《授時通考》這幾部附有與農業有關的插圖的書都比對了一下，除《天工開物》之外，各書的這些插圖基本上都淵源於本書

〔註14〕案，「颺籃」圖版中，《三才圖會》與王校本同；繆注本與四庫本同，皆增加手柄。

（引者案：即嘉靖本《王禎農書》）。」〔註15〕四庫本等據《永樂大典》鈔本而成，多具象展示，少抽象示意。

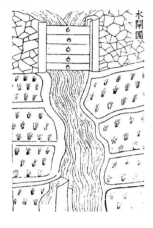  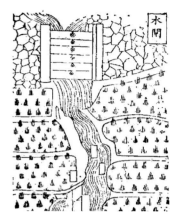

《三才圖會・水閘圖》　　四庫本《王禎農書・水閘》　　「王校本」《王禎農書・水閘》

二、傳文比較

首先，各本之間多有異文情況。有的異文關涉語義，有的關涉通借，有的僅屬異體字或俗體字。如「地理」卷十六「水閘」傳文部分，差異較大。「水路不均」，四庫本、王校本、繆注本皆作「水陸不均」；「激輾磑」，其他三本皆作「激碾磑」，其中王校本曰：「『碾』明本作『輾』。」〔註16〕此明本即「嘉靖本」〔註17〕；同樣，文中「水利之總樸」，三本皆為「揆」字。又如「宮室」卷二「守舍」，「捀」字，諸本《王禎農書》作「舁」，「捀」為「舁」異體字。

其次，各本之間文字似有訛脫、交代不清之處。訛脫之處，既有《王禎農書》諸版本之誤，亦有《三才圖會》引文之誤。前者典型例證有：「陂塘」中有「餘難徧舉其名。溉田大則數千頃……」，四庫本、王校本、繆注本皆引作「餘難遍舉。其各溉田，大則數千頃」。仔細分析句意，先列舉著名陂塘之名，隨後總結性提到「餘難徧舉」，這裏難以遍舉的是陂塘的「名字」；下文「大則數千頃」、「小則數百頃」則承上之義——陂塘很多，難以遍舉，這些陂塘大小、溉田數額等，皆有不同。從語法角度來看，「舉」為動作，其後當有賓語，也就是《三才圖會》中「其名」（「列舉諸多名目」之義），相較而言，

〔註15〕《王禎農書・校者說明》，第10頁。
〔註16〕農業出版社1981年，第323頁。
〔註17〕王毓瑚校：《王禎農書・校例》，第1頁。

四庫本、王校本、繆注本等皆無賓語，句意不完且有歧義（即便是「其各溉田……」，自語法角度也有不通）。

又如「塗田」有「秋後泥乾地裂，布掃麥種於土」，「土」字諸本《王禎農書》皆作「上」；關於「布掃」二字，王毓瑚先生校曰：「『布掃』字，『庫本』與『明本』相同，但似不甚相宜，『萬有本』改爲『撒』，值得參考。」〔註18〕換言之，王先生將此句理解爲，將種子撒在泥乾土裂的灘塗地上。筆者以爲，「布掃麥種於土」（語義爲：麥種撒下之後，用布頭等物，將之掃於土中縫隙中，以便生長）當無誤，四庫本、王校本及王先生理解似有偏差。

寫到這裏，筆者憶起幼時協助父母耕種的諸多往事，與此處所述有諸多相同之處。土地乾裂之時，縫隙較多，如果漫撒的話，種子有的進入縫隙，有的落於乾土塊之上，土塊上種子皆無法生長，浪費至極，用掃帚（或如上文之布頭）清掃，既可將種子掃入土縫，又可用土覆蓋種子，一舉兩得。

後者典型例證有：如「陰溝」部分，「當於穿岸之傍」之「穿」字，四庫本、王校本、繆注本皆作「川」，即川澤岸邊，於義爲是，此屬於《三才圖會》誤刻所致。又如「區田」「布穀勻，覆，以手按實」中，「覆」字不辭，王校本、四庫本等皆作「覆土」，語意完整，此爲《三才圖會》漏刻所致。又如「架田」條，「架，猶茂也」，「架」、「茂」二字義迥異，據諸本《王禎農書》，「茂」作「筏」，「架」、「筏」二字義近，當爲王氏形近而訛。又如「器用」卷四「划船」，「束」即「棐」之誤，四庫本、王校本、繆注本皆是。又如「拖杷」條，「樓麥長杷也」，「樓」字不辭，諸本《王禎農書》皆作「摟」，即摟疏麥秸之杷，語義皆是，王氏父子誤刻之。

王校本《王禎農書》「小紡車」、「木棉紡車」

〔註18〕　王毓瑚校：《王禎農書》，第 193 頁。

又如「器用」卷九「小紡車」條有「前圖具陳，茲不復述」一句，如僅閱讀《三才圖會》，所謂「前圖」讀者一般認為即「大紡車」之圖，其實不然。《王禎農書》「小紡車」條前為「績籰」，後條目才是「大紡車」，如果以《王禎農書》為例的話，所謂「前圖具陳」則無法理解。關於此問題，繆啓愉先生有校注曰：「當指與《農器圖譜十九‧木綿紡車》的構造相同。」〔註19〕據此，《三才圖會》參考《王禎農書》時，僅據己意加以取捨、編輯，未注意到《農書》前後文關聯情況，出現「前圖具陳」而不知「前圖」在何處的歧境，這也是王氏父子編纂過程中的諸多不足之一〔註20〕。

王氏父子幾無小學功底，因此又出現《王禎農書》原書不誤、《三才圖會》全誤的情況。如「廩」條，引《說文解字》中「㐭」誤為「面」，「广」誤為「六」，「稆」字亦誤；「篅」條，「籧」、「圌」等皆訛為形近之「蘧」、「團」。又如「水輪三事」條有「如欲舂米，惟就水輪軸首，易磨易礱」，據諸本《王禎農書》，「舂米」當為「穀米」之訛，「舂」、「穀」雖然義近，畢竟不屬同義詞，不可隨便替代。又如「舌」條，王氏父子引《唐韻》、《爾雅》，但將「𪗱」誤作「𪗴」、「剌」誤作「劘」〔註21〕。此類訛誤，還有許多，需要特別注意〔註22〕。

再次，《王禎農書》不同版本似有衍文情況，《三才圖會》所採明嘉靖本亦有可取之處。如「區田」中「今人學種，可減半計」，四庫本、王校本等皆作「可減半計之」，結合上下文語境，此「之」字增加與否，均不影響句意，而從語義連貫性來看，似以不添加為好。

最後，《三才圖會》還對《王禎農書》做了節選與加工。如「陰溝」部分，《三才圖會》等「亦是一法」、「悉周於用」部分，分別刪除以下文字：「如灌溉之餘，常流不絕，又可蓄為魚塘蓮蕩，其利亦博」、「雖遠近、大小、深淺、曲直不同，然皆伏流內達，膏澤旁通，水利之中，最為永便」，刪除之後，於義無損。又如「田廬」條，王氏父子保留《王禎農書》中陳旉《農書》之引文，刪除中段傳文，僅保留陸龜蒙《田廬賦》畫龍點睛之文。又如「器物」卷十「麥綽」條，與諸本《王禎農書》相比，王氏父子僅保留解說首段大部分及次段首句，但語義齊整，無錯亂歧義之處。

〔註19〕 繆啓愉：《東魯王氏農書譯註》，第722頁。
〔註20〕 《三才圖會》中，此類情況極多，無法俱述。
〔註21〕 下文「錢」條引《唐韻》，亦有此訛。
〔註22〕 又，《三才圖會》倉、廩、庫部分排版較為混亂，倉缺傳文，廩傳文置於庫後，庫傳文相應沿後。

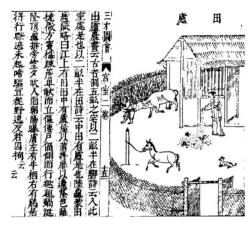

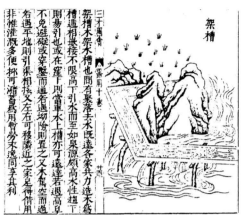

《三才圖會·田廬》　　　　　　　　《三才圖會·架槽》

又如「架槽」部分，「木架水槽也⋯⋯抑可潴蓄爲用」等，爲諸本《王禎農書》主體部分，王氏父子刪除「刳木作槽身，架水自泉口」之詩。不過，《三才圖會》傳文末尾，還有「暫勞永逸，同享其利」一句，此句爲明嘉靖本《王禎農書》段末結句，不載四庫本，王校本、繆注本亦無。關於此問題，王毓瑚先生曾有「『明本』下多『暫勞永逸，同享其利』八字」〔註23〕之校，以現明本之實。另外，徐光啓《農政全書》卷十七《水利·灌溉圖譜》引《王禎農書》時，亦載此八字。

王氏父子《三才圖會》取材注重功用，偏重實用，語言簡練，語義嚴密，因此，《王禎農書》所載詩歌大部分刪除，還將解說中無關宏旨之處，盡行刪削，以現主體，以明眉目。

當然，王氏父子節選、剪裁、排列亦有失當之處。整體看來，《王禎農書·農器圖譜集》根據功能、用途，以類相從，分類合理，眉目清晰，但王氏父子編排時，根據自己的想法，做了較大幅度的調整，有諸多調整與編排，明顯失當〔註24〕。如「器用」卷十灌溉具內，插入整地器具「勞」、播種具「耬車」；又如「器用」卷十一整地器具中，插入儲物具「籃」、「篍」、「畚」、木具「鋸」、灌溉具「瓦寶」、穀物加工具「砧杵」等。如果有機會重編《三才圖會》，筆者希望參考多種工具書並借鑑現代百科全書分類之法，重新歸類，以便於參閱。

〔註23〕　王毓瑚校：《王禎農書》，第 334 頁。
〔註24〕　《王禎農書》中亦有分類失當之處，非本文論述之問題，此不俱述。

附：《三才圖會》參閱《王禎農書》條目：水閘、陂塘、水塘、
浚渠、陰溝、井、區田、圃田、圍田、架田、櫃田、梯田、沙田（以
上「地理」卷十六）、蠶神（「人物」卷十）、繭館、先蠶壇、蠶室、
田盧、守舍、牛室（以上「宮室」卷二）、划船、野航（以上「器用」
卷四）、倉、廩、庫、庾、囷、京（以上「宮室」卷二）、「器用」卷
九、「器用」卷十、「器用」卷十一。

第三節　《三才圖會》引兵書考——以《籌海圖編》、 《紀效新書》爲例

鑑於明朝後期東南、東北邊境的特殊環境，王氏父子非常關注兵家、軍
事類作品，《三才圖會》中此類圖傳數量巨大，本節我們以戚繼光《紀效新書》、
鄭若曾《籌海圖編》等有關文獻爲例，簡述《三才圖會》的文獻參閱情況。

一、鄭若曾《籌海圖編》

（一）《三才圖會》參閱《籌海圖編・兵船》

《籌海圖編》十三卷，南直隸蘇州府昆山縣鄭若曾撰，爲明代兵家、海
防經典名著。此書面世後，流行頗廣，影響巨大，爲後世海防、禦寇、日本
情狀等內容的重要祖本。

王圻非常重視此書，其所纂《續文獻通考》亦有借鑑。《續文獻通考》卷
二百三十四《四夷考・日本》論述「倭寇」之禍時，王氏引述《籌海圖編》「備
倭之術，不過守、禦二者而已」爲鑑。經查閱原書，「備倭之術，不過守、禦
二者而已」等非《籌海圖編》之文，而爲鄭氏所引《禦海策要》〔註25〕之文。
《三才圖會》主要參考《籌海圖編》卷十三「經略」五、六中「兵船」、「兵
器」之文，我們亦作分析。

首先，《圖會》傳文部分，源自《籌海圖編》者較多。如「廣船」傳部分，
《三才圖會》雖然錯置於「大頭船」圖之後，但其內容則抄自《籌海圖編・
廣東船圖說》〔註26〕前面數句。如「福船」傳文部分，除「下椗、起椗，皆

〔註25〕〔明〕鄭若曾撰、李致忠點校：《籌海圖編》，中華書局 2007 年，第 768 頁。
　　　　清文淵閣四庫全書本《籌海圖編》則作「籌海策」，無「要」字。
〔註26〕〔明〕鄭若曾撰：《籌海圖編》，《中國兵書集成》第十六冊，解放軍出版社、
　　　　遼瀋書社 1990 年，第 1202 頁。案，與此形式相同者，還有「八槳船」等。

于此層用」後少「力」字外，包括虛詞「于」字（不用「於」）在內，其他內容全同。如「海滄」（包括「鬬」、「只」等用字習慣）、「蒼山船」（包括「盪」、「于」等字）等傳文部分，文字內容亦同。

又如「開浪船」傳文，文字與《籌海圖編》雖然全同，但王氏將其直接置入圖版左側，未單獨列出〔註27〕。雖然「艟艄船」〔註28〕、等文字略有差異，據上述內容，我們仍可斷定：王氏當據嘉靖四十一年胡宗憲刻本〔註29〕而成〔註30〕。

《籌海圖編·開浪船式》　　　　　　《三才圖會·開浪船》

《三才圖會》亦有調整《籌海圖編》文字版式的情況。如「兩頭船」，《籌海圖編》傳文部分將「兩頭船」標題置首，換行後載「按，《大學衍義補》……」等解釋文字，且「按」字僅空一格。《三才圖會》則將標題與解釋文字並排，做了節選工作。

〔註27〕　而《籌海圖編》此位置則是海鷗飛鳥形狀（解放軍出版社、遼瀋書社1990年，第1210頁），值得注意。

〔註28〕　「遇倭船」、「或小或少」，《籌海圖編》分別作「遇倭舟」、「或小或大」，據義推之，當以《籌海圖編》為是，王氏《三才圖會》則有誤植。

〔註29〕　鄭若曾：《籌海圖編》，嘉靖四十一年胡宗憲刻本，解放軍出版社、遼瀋書社1990年，第1205頁。

〔註30〕　以上內容，與李致忠點校本《籌海圖編》（李氏以康熙三十二年鄭起泓刻本為底本）差別較大。

　　《圖會》還有節選、修正《籌海圖編》的情況。如「鷹船」部分，王氏將傳文置於圖版上側（《籌海圖編》圖版，此位置為兩浮雲），做了調整版式的工作。傳文部分亦作調整。王氏在節引的同時，還將「旁板之狀」更正為「旁板之上」，據圖版及語義，王氏此正，較為妥當。「漁船」、「網梭船」〔註31〕等皆與此同，不再加以論述。

《籌海圖編·鷹船式》

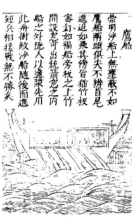

《三才圖會·鷹船》

　　當然，王氏在節引時亦有處置失當之處。如「蜈蚣船」部分，王氏《三才圖會》末尾作「則蜈蚣之制，其能不興」，據語義，當為疑問句，但「不興」之後似有闕文。如果參閱《籌海圖編》，此句後還有「也乎」二字，據此，「則蜈蚣之制，其能不興也乎」屬於首尾完整、語義無誤之句，王氏節引則屬失當。

《籌海圖編·蜈蚣船式》

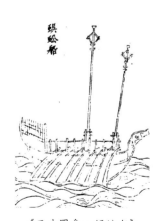

《三才圖會·蜈蚣船》

〔註31〕　不過，《三才圖會》此條傳文中，「猫竹桅，布帆」（案，貓竹即茅竹），《籌海圖編》作「用竹桅、布帆」，仔細分析句意，仍以王氏所正為是。

　　其次，「器用」卷四「船」的部分圖版，當本源於《籌海圖編》〔註32〕。如「廣船」，《籌海圖編》名曰「廣東船式」，名異圖同〔註33〕。仔細觀察圖版，桅桿上拉弓、舉槍之人完全相同，風帆位置及旗幟數量、飄蕩方向亦同，船頭裝飾、旗杆、船板以及櫓槳數量、位置均同。略有差異之處在於：兩桅桿一黑一白，船上人員數量（《三才圖會》六人，《籌海圖編》十人）、動作（《三才圖會》六人中，三人舞刀，一人弄槍，二人划槳；《籌海圖編》十人中，四人舞刀，一人弄槍，二人拉弓，一人划槳）不同。

　　「尖尾船」、「大頭船」、「福船」等，《籌海圖編》分別名曰「新會縣尖尾船式」、「東莞縣大頭船式」、「大福船式」。圖版大致相同，僅在船內搖櫓、船頭操練、海波紋飾、船圍紋飾、船體顏色與鉚釘數量等方面，略有差異。「艟䱩船」、「蒼山船」圖版與上述情形相同。「草撇船」圖版亦與上述情況近似，但圖版標題亦與嘉靖四十一年本相似。（《三才圖會》作「草撇船」，且有「草撇船即福船之小者」之注文；《籌海圖編》則採用正、副相間形式，正標題為「草撇船式」，副標題為「即福船之小者」）。

　　另外，王氏《三才圖會》中還有抹去圖版內文字的情況。如「船矴」部分，圖版格式完全相同，但《籌海圖編》圖版框內，還有「某號官船矴」，以為標示，以別歸屬，王氏將其刪減，於義無損，但畢竟刪除信息，處理亦有失當之處。

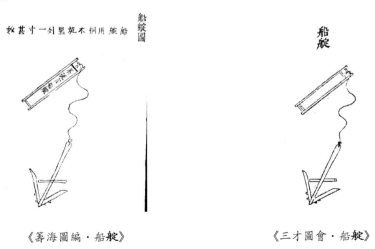

　　　　《籌海圖編·船矴》　　　　　　　《三才圖會·船矴》

〔註32〕〔明〕鄭若曾撰、李致忠點校：《籌海圖編》，中華書局2007年，第858頁。
〔註33〕明嘉靖四十一年胡宗憲刻本圖版標題皆用豎行排版，需要注意。

（二）《三才圖會》參閱《籌海圖編・兵器》

《三才圖會》「器用」卷六至卷八「兵器」部分，參閱《籌海圖編》內容較多，下面亦作分析。

首先，《三才圖會》借鑑《籌海圖編》，且圖傳部分均有調整。如「燕尾牌式」、「挨牌式」，《籌海圖編》不僅將傳文置於此牌「外式」、「內式」之間，且文字形體、內容與《三才圖會》相同，還分別載「此二邊下面，用鐵皮沿包各一帶」、「挨牌亦用白楊木為之，每面約長五尺，闊一尺五寸。下頭比上略小四五分。俱小尺」等小字注文，用以說明「燕尾牌」、「挨牌」的製作、尺寸、使用等特點。圖版部分基本相同（「燕尾牌」外式獅紋、「挨牌」外式神獸圖案亦同）。差別之處在於：「燕尾牌」部分，《籌海圖編》將「外式」、「內式」字樣置於圖版之上（《三才圖會》置於左側），而「手牌內式」圖版中，還載有「拿手」的名稱、製作方式、手握部位等信息，比《三才圖會》更加詳細、完整。圖傳部分，情況與上相同；「挨牌內式」亦註明繩索長短、挽式及穿戴事項等信息，亦較《三才圖會》全面。

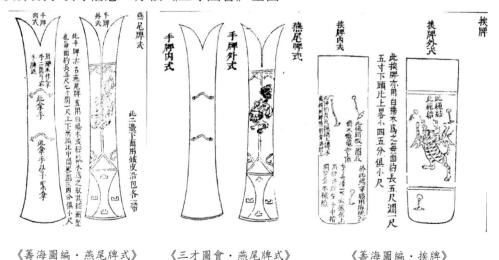

《籌海圖編・燕尾牌式》　　《三才圖會・燕尾牌式》　　《籌海圖編・挨牌》

又如「弩箭」的圖版部分，「弩箭」主體部分基本相同，稍有差異的是：《籌海圖編》將弩機身塗成黑色，且未添加弩機上之箭。傳文部分，《籌海圖編》除在句首增加「松江府同知羅拱辰云」九字外，其他文字完全相同〔註34〕。據此，我們了解到「弩箭式」傳文為羅拱辰觀點。

────────

〔註34〕　《籌海圖編》「弩箭式」條，所載戚繼光之説，《三才圖會》未引。

　　另外，據《籌海圖編》所載圖版，《三才圖會》「弩箭式」條之下，五弩機連發樣式，當爲「伏弩式」之圖。「弩箭」、「伏弩」兩圖，機箭樣式雖同，但工作原理、殺傷性能等方面皆有較大差別，王圻將其混入一圖，且無「伏弩」傳文，多有不當。

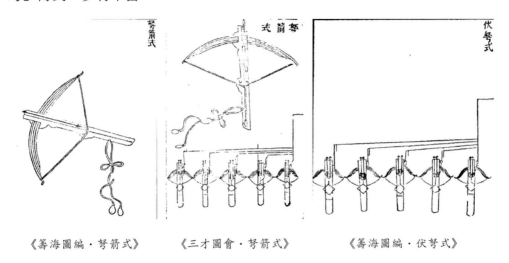

《籌海圖編・弩箭式》　　　《三才圖會・弩箭式》　　　《籌海圖編・伏弩式》

　　《三才圖會》「銅發貢」、「佛狼機」、「鳥嘴銃」等圖傳，亦曾參考《籌海圖編》。兩書「銅發貢」圖版基本相同（車輪、車輻樣式略有差異），《三才圖會》傳文部分節選自《籌海圖編》，首尾齊整，語段自洽，文字之首還增加「銅發貢」之標目。「佛狼機」圖版部分，除機身、小型佛狼機隔架塗成深色，「妙在此」注文排列樣式有些許差異外，其他完全相同；據《籌海圖編》，其傳文則爲顧應祥言論。「鳥嘴銃」圖版部分，《三才圖會》作「鳥從細式」者，《籌海圖編》作「鳥銃龍頭式」，「鳥嘴銃」圖版則一豎立（《三才圖會》）、一斜置；其他即傳文完全相同（《三才圖會》節選首尾完整之文字）〔註35〕。「子母炮」、「一窩蜂」（《籌海圖編》名曰「窩蜂」）、「天墜砲」、「地雷」、「大蜂窠」（《籌海圖編》名曰「天蜂窠」）、「火妖」、「碳」、「火箭」等部分圖傳，皆有上述特點，不再論述。

〔註35〕　案，戚繼光《紀效新書》萬曆十六年李承勛刊本（十四卷本），卷三《鳥銃解》所載圖版，似亦參考鄭若曾《籌海圖編》。轉引自〔明〕戚繼光撰、范中義等校釋：《紀效新書》（十四卷本），中華書局 2001 年，第 51～54 頁。另外，《紀效新書》中火箭（第 63～64 頁）、馬箭等內容，與上述情況相同。

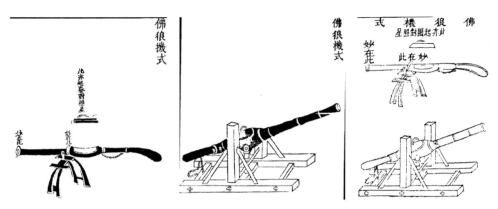

《籌海圖編》（前二圖）、《三才圖會》（第三圖）所載「佛狼機式」

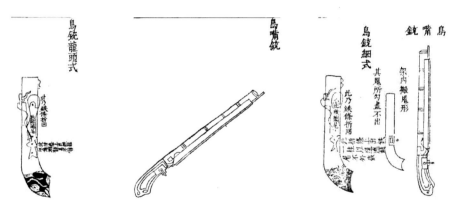

《籌海圖編》（前二圖）、《三才圖會》（第三圖）所載「鳥嘴銃」

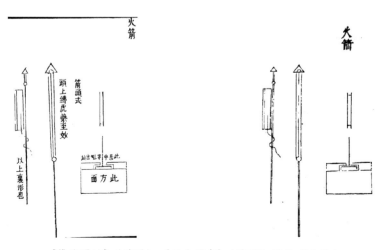

《籌海圖編》（前圖）、《三才圖會》（後圖）所載「火箭」

其次，《三才圖會》借鑑亦有失當之處。如「藤牌」部分，圖版完全相同，但《三才圖會》傳文部分則有殘闕。其文曰：「藤牌手，出福建漳州府龍溪縣……故俱善用藤牌。」〔註36〕

仔細分析此段內容，圖版為「藤牌」，而傳文則從「藤牌手」開始，與前後圖傳皆不類，疑有訛誤。其中，「藤牌手，出福建漳州府龍溪縣」部分，《籌海圖編》則曰：「總兵俞大猷云：錯以步戰，乃中國之長技。今鈎刀、虎叉二手，隨時教閱充用，惟藤牌手出在福建漳州府龍溪縣。」據此，我們可以了解到：此段話為俞大猷觀點，俞大猷首先提到「兵戰」是中國軍隊的長處，隨後提到使用鈎刀、虎叉類的士兵較多，而使用藤牌的士兵（即文中「藤牌手」），則龍溪縣較多，可供擇用。與《籌海圖編》的完整記載相比，《三才圖會》闕失較多。另外，「佛狼機」等傳文部分，亦有此類缺點。

又如「兩廣藥箭」，《三才圖會》「器用」卷八所載圖版，與《籌海圖編》完全相同；傳文亦節選《圖編》首段。不過需要注意的地方是：《三才圖會》「器用」卷六弓弩諸器部分，「三弓弩」圖版之後，載「弓弩，必採兩廣毒藥，以灌其鏃……傷者應弦而絕」等文，筆者初觀此文時，感覺與前後圖版、文字皆不類，當為無心闌入之文；整理卷八「兩廣藥箭」圖傳時，才了解到兩處所述對象、內容相同，卷六文字部分為「兩廣藥箭」，與《籌海圖編》傳文全同；卷八部分，圖版與《圖編》全同，而傳文僅選首段。《三才圖會》前後不一、疏於核檢，導致此類訛誤。

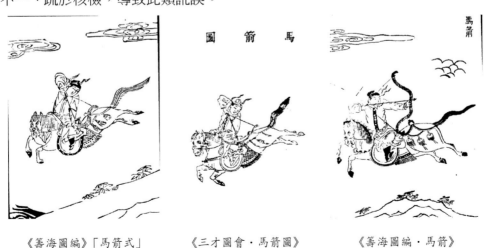

《籌海圖編》「馬箭式」　　　《三才圖會·馬箭圖》　　　《籌海圖編·馬箭》

〔註36〕王思義：《三才圖會》，上海古籍出版社 1988 年，第 1192 頁。

　　另外，兩書均載三幅「馬箭圖」，仔細比較兩書，只有《三才圖會・人事》卷七中第三幅，與《籌海圖編》第二幅略似，其他兩幅圖，在騎士服飾、髮飾、髯鬚、馬飾、天地背景〔註37〕等方面有較大差別；即便如此，《三才圖會》之圖源自《籌海圖編》，當無異議。

　　總體來看，王氏父子《三才圖會》參閱《籌海圖編》所據版本，當為嘉靖四十一年胡宗憲刻本。關於圖版，王思義分別採用原樣照刻、適當合併、省略注文等方式，基本保留了《籌海圖編》的精華部分；傳文部分，王思義除少數全文照錄《籌海圖編》本文外，大部分做了節選與修正；同樣，修正的部分也是有得有失──得之處在於首尾完整，節約篇幅，簡約文字；失之處，則在於精簡過甚，割裂語義，文義不一，這是需要特別注意的地方。

　　　　附：《三才圖會》參閱《籌海圖編》條目（圖傳部分）：廣船、尖尾船、大頭船、福船、草撇船、海滄船、開浪船、艟䑹船、漁船、網梭船、兩頭船、蒼山船、八槳船、鷹船、蜈蚣船、沙船、船䑹（以上「器用」卷四）；燕尾牌式、挨牌式、藤牌、佛狼機、銅發貢、鳥嘴銃、子母炮、一窩蜂、天墜砲、地雷、大蜂窠、火妖、火藥桶、火磚、飛天噴筒、礮、弩箭、兩廣藥箭、火箭、神機箭、標鎗、長鎗、梨花鎗、棍；偃月刀、劍（以上「器用」卷六、七、八）；狼筅、天蓬鏟（以上「器用」卷八）；馬箭（「人事」卷七）。

　　　　《三才圖會》參閱《籌海圖編》條目（圖版部分）：《廣東沿海總圖》、《福建沿海總圖》、《直隸沿海總圖》、《山東沿海總圖》、《遼陽沿海總圖》及有關《府圖》，共計三十九幅（以上，《三才圖會》「地理」卷四、卷五／《籌海圖編》卷三至卷七）。

二、戚繼光《紀效新書》

　　王氏父子《三才圖會》「人事」卷六、卷七部分，參考戚繼光《紀效新書》較多，確切來說，王氏所參當為十八卷本，而非流傳的十四卷本。我們參閱的《紀效新書》版本如下：十四卷本者，為范中義校釋本，此本以萬曆十六年李承勛刻本為底本〔註38〕；十六卷本者，為馬明達校勘本，馬氏校勘底本

〔註37〕　《籌海圖編》三幅圖皆有天地圖案，以作背景。
〔註38〕　〔明〕戚繼光撰、范中義校釋：《紀效新書》，中華書局2001年。

爲清嘉慶年間張海鵬學津討源叢書本，不過，「學津本」則源自萬曆二十三年周世選刻本〔註39〕。

「人事」卷七有「射法圖」兩幅，名爲「實握射圖」、「掌心推射圖」，此二圖皆源自《紀效新書》。《三才圖會》之圖，與十四卷本、十八卷本之圖基本相同，僅在人物帽飾、髯鬚、筆觸、線條等方面略有小異；相對而言，十四卷本、十八卷本載圖相似程度更高。

傳文部分〔註40〕，「凡打袖，皆因把持不定」與十八卷本相同〔註41〕，十四卷本則無「凡」字；「凡中的之前可取必者，皆自從容閒暇中能必之」，「閒暇」，十八卷本同，十四卷本作「閑暇」；「如此一爲所局，豈能遠耶」，「如此一」，十八卷本同，十四卷本作「如一」，闕「此」；「凡射法，箭搖頭」，十八卷本同，十四卷本作「凡射，箭去搖頭」，無「法」而載「去」字；「射人先射馬，擒賊必擒頭」，十八卷本同，十四卷本則作「擒賊必擒酋」。

《三才圖會・實握射圖》　　　　　十八卷本《紀效新書・掌心推射圖》

《三才圖會》「射法圖」下爲「拳法圖」，十八卷本《紀效新書》排列與此同，十四卷本則「刪去了《拳經捷要篇》，從嚴格的軍事學意義上講是不無道理的」〔註42〕。以十八卷本爲例，我們略作引述。《三才圖會》傳文內容名

〔註39〕　〔明〕戚繼光撰、馬明達點校：《紀效新書》，人民體育出版社1988年。
〔註40〕　馬明達先生曰：「射法篇內容亦見俞大猷《正氣堂集・餘集》卷之四，此篇作者當爲俞大猷。」氏撰《紀效新書》，第306頁。
〔註41〕　人民體育出版社1988年，第299頁。
〔註42〕　馬明達：《紀效新書・前言》，人民體育出版社1988年，第7頁。

為《拳經》（或名《拳經三十二勢》〔註43〕），十八卷本則為《拳經捷要篇》。文字部分，除「多籌而勝」中「籌」為異體字，及「千跌張之跌」之「跌」為「跌」訛誤外，其他均相同。

圖版部分情況比較特殊。鑑於「目前所見的各種清代刊本……只有二十四勢」〔註44〕、「學津討原本殘缺不全」〔註45〕等方面的特殊情況，馬先生校點本所載《拳法圖》全部採自王氏父子《三才圖會》，只不過將順序全部顛倒過來，「這是《三才圖繪》的編輯者所造成的舛亂」〔註46〕。馬先生作為武術名家，又有多年武學典籍整理經驗，所述當有所本。

《三才圖會》之「鎗法圖」部分亦特殊，此部分傳皆載圖上，而無《紀效新書》所載《長鎗總說》等諸多解釋性文字，因此僅簡單分析圖版情況。

王氏父子所引「鎗法二十四勢」中，圖版內容除帽子、髯鬚、服飾略有差異外，其他全同，可以認定據《紀效新書》刊刻而成。現將其圖說部分，略作分析。其中，「四夷賓服勢」條內「諸勢可拔其趣」之語，十四卷本、十八卷本皆為「諸勢莫可同其趣」，此當有所本；而《三才圖會》所引或為「別本」，或為王氏父子致誤。「指南針勢」中「近手中平」，不辭，十四卷本、十八卷本皆為「近乎中平」，是之。「邊攔勢」中「乃裏把門封閉鎗法」，「裏」字，十八卷本同，十四卷本為「裡」。「騎龍勢」中「四面是蒼雲罩霧」之「蒼雲」，十四卷本作「鎗雲」，十八卷本作「槍雲」，二本中「鎗」、「槍」雖異，語義實同，《三才圖會》當為誤植。「伏虎勢」中「他如壓卵又朝天」之「壓卵」，十八卷本同，十四卷本作「卵攔」，仔細分析語義，當以十八卷本與《三才圖會》為是。「琵琶勢」中「中來滾剁挨拏好」之「拏」字，十四卷本同，十八卷則直改為正體「拿」字（同樣，同句「剁」字，《三才圖會》作「剁」當為原刻之字，兩種《紀效新書》皆更正為「剁」字），於義雖同，還是保留原樣為好。

《棍法圖》部分，十四卷本置於卷五「手足篇」中，十八卷本則置於卷十二「短兵長用說篇」之後，《三才圖會》與兩種《紀效新書》圖版部分，皆僅有諸勢之名，而無簡單解說。另外，《三才圖會》圖版部分，除帽子、髯鬚、

〔註43〕 馬明達：《紀效新書》，校記（一），第 325 頁。
〔註44〕 馬明達：《紀效新書》，校記（一），第 325 頁。
〔註45〕 馬明達：《紀效新書》，校記（一），第 326 頁。
〔註46〕 馬明達：《紀效新書》，校記（一），第 325 頁。

服飾、鞋履略有差異外，源自《紀效新書》亦無疑義。只不過，三者棍法順序有較大差別，名稱亦有差別，現列表如下：

書名	諸勢名稱與順序													
三才圖會	大當	小當	仙人捧盤	大弔	滴水	齊眉殺	走馬回頭	直符送書	倒頭	上剃〔註47〕	閃腰	下穿	下接	扁身中攔
十四卷本	扁身中攔	大當	大剪	仙人捧盤	大弔	齊眉殺	倒頭	下穿	閃腰剪	下接	滴水	直符送書	走馬回頭	上剃
十八卷本	大頓	仙人捧盤	扁身中攔	大當	大弔	齊眉殺	滴水	直符送書	走馬回頭	上剃	倒頭	下穿	閃腰剪	下接

　　仔細辨識各圖，《三才圖會》「大當勢」，分別與十四卷本「大剪勢」、十八卷本之「大頓勢」相同，而「小當勢」則與十四卷本、十八卷之「大當勢」相同，而十四卷本、十八卷本之「閃腰剪」即《三才圖會》之「閃腰」。其他各式圖、名，皆完全相同。

《三才圖會·上剌（剃）勢圖》　　十八卷本《紀效新書·大當勢》　　《小當勢圖》

〔註47〕　《三才圖會》名為「上剌」，而兩種《紀效新書》皆為「上剃」，當為王氏父子刊刻訛誤所致。

　　同卷「藤牌」及「習藤牌」諸勢，亦以參考《紀效新書》為主。首先，《三才圖會・藤牌圖》圖版非採自《紀效新書》（十四卷本、十八卷皆為正面視圖，猶如大餅之狀），而是源自《籌海圖編》（皆為側視圖）。不過，戚繼光《練兵實紀・雜集》〔註 48〕卷五「軍器解・藤牌圖」載正圖二、側面圖一，側圖與此處所選均有不同，此書校釋者所據版本為明天啟二年舒榮都刻本，出版晚於《三才圖會》。此本與《紀效新書》、《三才圖會》是否有淵源關係，暫無法查知。

圖 牌 藤

藤牌

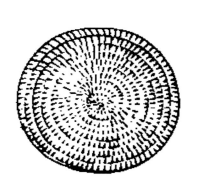

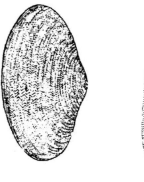

十八卷本《紀效新書・藤牌》　　《三才圖會・藤牌》　　《籌海圖編・藤牌》

　　傳文部分，「習藤牌……其嚮短兵更易」等，即十八卷本《紀效新書》卷十一「藤牌總說篇・習藤牌」之文，十四卷本則無是段文字。

　　「習藤牌」八勢版圖中，首勢三書名稱不同，《三才圖會》名「開扎衣勢」，十四卷本名「起手勢」，十八卷本則名曰「懶扎衣勢」。具體到各勢圖版中，除刀部（刃部、刀背顏色）、藤牌（紋飾）、服飾、髮髻、帽子、綁腿等略有差別外，其他全同，頗有趣味。關於「習狼筅圖」等部分，如上文所述，「狼筅」圖版源自《籌海圖編》，但《習狼筅圖》等皆參考《紀效新書》。其「狼筅總說」及「習狼筅圖」圖傳有關情況，皆與上述「習藤牌」部分相同，此處不再加以敘述。

〔註 48〕　〔明〕戚繼光撰、邱心田校釋：《練兵實紀》，中華書局 2001 年，第 306 頁。邱氏所據底本為明天啟二年舒榮都刻本，非萬曆二十五年邢玠刻本。

十八卷本《紀效新書·懶扎衣勢》　　　《三才圖會》之「開扎衣勢」、「金雞畔頭勢」

《三才圖會·騎龍勢》　　　十八卷本《紀效新書》之「甲受虐感勢」

　　最後，《三才圖會》參閱《紀效新書》的內容，還有許多例證。如《三才圖會》、《籌海圖編》所載「伏弩式」圖，《紀效新書》亦載，但未列出名目。此圖與上兩書仍有不同，其標示除賊之位置，所謂「伏弩」之義，躍然於紙上。其他諸如「鳥銃」、「佛狼機式」、「銃式」、「礮」〔註49〕等與《籌海圖編》相同內容，《三才圖會》可能亦作參閱；而諸星宿旗等圖版〔註50〕，與《三才圖會》有較大差異，王氏父子是否參閱，或是否有淵源關係，則不得而知。

〔註49〕 以上各條，見十八卷本《紀效新書》卷十五「布城諸器圖說篇」。
〔註50〕 見十八卷本《紀效新書》卷十六「旌旗金鼓圖說篇」。

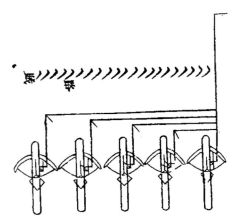

十八卷本《紀效新書》載「伏弩式」

　　總之，王氏父子《三才圖會》參考《紀效新書》內容較多，其參閱版本
為十八卷本，而不是十四卷本。與參閱《籌海圖編》情況相似，《三才圖會》
傳文部分，或為節選，或直接刪減；而所引圖版部分問題較多，圖版人物服
飾、帽子、髯鬚、綁腿、兵器等方面的微小差異，皆不產生影響，但其所列
順序、諸勢名目等有較多訛誤，讀者參閱時務必一併參閱原書。

第四節　《三才圖會》引中醫文獻考──以《證類本草》 及其所載《本草圖經》為例

　　王氏父子《三才圖會》引用宋唐慎微作品《證類本草》的內容較多，本
節略作分析。

　　《證類本草》，原名《經史證類備急本草》，因後世修訂與版刻等原因，
又名《大觀經史證類備急本草》、《政和新修經史證類備用本草》、《重修政和
經史證類備用本草》等，原書三十卷，載藥一七四六種，新增藥六二八種，
附古方三千餘首〔註51〕，為明李時珍《本草綱目》面世前，中國最重要的本
草藥典名著。

　　後來，李時珍的《本草綱目》，亦以《證類本草》為底本和基礎編纂而成。
鑑於《證類本草》的歷史地位和重要價值，王氏父子編纂《三才圖會》時，

〔註51〕 參〔宋〕唐慎微撰，尚志鈞、鄭金生、尚元耦、劉大培校點：《證類本草·前
　　　　言》，華夏出版社 1993 年。

作重要參考、節選，亦屬順理成章。又，此節的比較與分析，筆者主要參考尚志鈞先生校點的《證類本草》〔註52〕。

一、《三才圖會》參閱《證類本草》的基本情況与傳文格式

　　《三才圖會》「珍寶」卷一、「草木」卷一至卷十一等，共計十二卷內容，主要依據唐氏《證類本草》改編、節選而成。其中，《三才圖會》「珍寶」卷一主要收錄珍珠、玉器、礦石、金屬及錢幣類條目，除「南北珠」、「錢圖」外，其他五十九條全部源自《證類本草》卷三至卷五「玉石部」（分別記載「玉石」類上、中、下三品）。

　　「草木」位於《三才圖會》十四卷目之末，主要登載具有食用、藥用、救荒價值的各類動植物。「草木」十二卷中，除最後第十二卷「花卉」部分外，其他亦皆以《證類本草》內容為主，下面我們加以簡單介紹：

　　《三才圖會》「草木」卷一至卷七為「草類」，各式草藥皆以選錄《證類本草》為主。其中，「草木」卷一部分，主要從《證類本草》卷六、卷七「草部」的「上品之上」、「上品之下」中選取，卷六選取三十一種，卷七取十二種，約佔《證類本草》「草部・上品」的 30%。

　　「草木」卷五部分，有些特殊。此卷前半部分選自《證類本草》卷十一（「草部・下品之下」），包括劉寄奴、骨碎補、連翹、續隨子、山豆根、陸英、地錦草、海金沙等草藥二十四種；卷後半部分，則選自《證類本草》卷三十中「《本草圖經》：《本經》外草類」（即宋蘇頌《本草圖經》獨載、《神農本草經》等未載者〔註53〕），共計十六種。

　　「草木」卷七亦源自《證類本草》卷三十，這一卷較為特殊，卷前半部分為《本草圖經》收錄的「《本經》外草類」十四種，而後半部分則是「《本經》外木蔓類」二十二種，另外還有來自《證類本草》卷六的「吉祥草」（草部・上品之上）、卷九的「白豆蔻」（草部・中品之下）、「蓼實」（菜部・中品）。換言之，此卷主要收錄《本草圖經》獨載的「草」、「木蔓」兩類本草，吉祥草、白豆蔻、蓼實等分屬不同卷部的本草作為補充。

〔註52〕〔宋〕唐慎微撰，尚志鈞等校點：《證類本草》，華夏出版社 1993 年。又，本節未特別註明者，皆引自尚先生校點之《證類本草》。

〔註53〕參尚志鈞：《〈證類本草〉的編纂體例》，載氏校點《證類本草》附錄《〈證類本草〉文獻源流叢考》中，第 8 頁。

　　「草木」卷八、卷九爲「木類」，主體部分源自《證類本草》卷十二至十四的「木部」三品之中。不過，王氏父子選取《證類本草》材料，編纂《三才圖會》時，不僅將原順序打亂，各卷卷目亦不均衡。如「草木」卷八，主要選自《證類本草》卷十四「木部・下品」，其選取條目數量約佔該卷 40%；同時，王氏父子又從《證類本草》卷十二、卷十三「木部・上品」、「中品」中，各約選取 30% 不到的條目，組成「草木」卷九之內容。

　　「草木」卷十「蔬類」、卷十一「菓類」與「穀類」，其節選自《證類本草》的情況更加複雜，詳情參下表格：

《三才圖會》引《證類本草》條目統計表

《三才圖會》卷目	《三才圖會》卷內條目	《證類本草》卷次
卷一草類	黃精、菖蒲、人參、天門冬、甘草、地黃、术、菟絲子、牛膝、茺蔚子、蔆蕤、防葵、柴胡、麥門冬、獨活、羌活、升麻、車前子、木香、薯蕷、澤瀉、遠志、龍膽草、細辛、斛、巴戟、白蒿、赤、菴藺子、菥、菁實、卷栢	卷六「草部・上品之上」
	藍實、芎藭、黃蓮、絡、蒺藜子、黃耆、肉蓯容、防風、蒲黃、續斷、漏蘆、丹參	卷七「草部・上品之下」
卷二草類	天名精、決明、茜、五味子、旋花、蛇床、地膚子、千歲虆、景天、茵陳、杜若、沙參、徐長卿、雲實、王不留行、地不容	卷七「草部・上品之下」
	菓耳、葛、括樓、苦參、通草、蠡實、玄參、當歸、麻黃、知母、貝母、白芷、淫羊藿、黃芩、狗脊、石龍芮、茅、紫苑、紫草、前胡、敗醬、白鮮、酸漿、杜蘅、紫參、藁本	卷八「草部・中品之上」
卷三草類	石韋、萆薢、白薇、菝葜、大青	卷八「草部・中品之上」
	艾葉、惡實、水萍、王瓜、地榆、小薊、海藻、澤蘭、防己、高良薑、天麻、阿魏、百部、蘹香子、欵冬花、紅藍、三棱、薑黃、蓽撥、蒟醬、欝金、蘆會、肉荳蔻、補骨脂、零陵香、縮沙蜜、蓬莪、積雪草、白前、薺苨、白藥、莚草、莎草、蓽澄茄、胡黃連、蒔蘿、甘松香、鳧葵、鱧腸、茅香、使君子	卷九「草部・中品之下」

卷四草類	附子、半夏、虎掌、大黃、葶藶、桔梗、莨菪子、草蒿、旋復花、射干、藜蘆、蛇含、蜀漆、甘遂、白斂、青箱、白及、大戟、茵芋、貫眾、牙子、羊躑躅	卷十「草部‧下品之上」
	何首鳥、商陸、威靈仙、牽牛、蓖麻子、天南星、羊蹄禿、菰根、萹蓄、狼毒、猻薟、馬鞭草、苧根、白頭翁、蘆、鬼臼、馬兜鈴、仙茅	卷十一「草部‧下品之下」
卷五草類	劉寄奴、骨碎補、連翹、續隨子、山豆根、藺茹、金星草、葎草、鶴虱、蜜休、赤地利、紫葛、陸英、穀精草、預知子、葫蘆巴、木賊、蒲公草、牛扁、酢漿草、夏枯草、苟實、地錦草、海金沙	卷十一「草部‧下品之下」
	水英、麗春草、坐拏草、紫堇、杏葉草、水甘草、地柏、紫背龍牙、攀倒甑、佛甲草、百乳草、橄石合草、石薽、百兩金、小青、曲節草	卷三十「《本草圖經》:《本經》外草類」
卷六草類	獨腳仙、露肋草、紅茂草、見腫消、半天回、龍牙草、苦芥子、野蘭、都管草、小兒群、菩薩草、仙人掌、紫背金盤、石逍遙、胡菫草、無心草、千里光、九牛草、刺虎、生瓜菜、建水草、紫袍、老鴉眼睛、天花粉、石垂、瓊田草、紫金牛、鷄項草、拳參、根子、赤孫、田母草、鐵線、天壽根、百藥祖、黃燎郎、催風使、陰地厥、千里急、地芙蓉	卷三十「《本草圖經》:《本經》外草類」
卷七草類	白豆蔻	卷九「草部‧中品之下」
	蓼	卷二十八「菜部‧中品」
	黃花了、布里草、香麻、半邊山、火炭母草、亞麻、水麻、鳰鳥威、茆質汗、地茄子、地蜈蚣、蕁麻、山薑、馬接腳、馬腸根	卷三十「《本草圖經》:《本經》外草類」
	烈節、杜莖山、大木皮、崖椶、鷰抱、鷄翁藤、野猪尾、七星草、石南藤、獨用藤、瓜藤、金稜藤、血藤、玉紅山、含春藤、祈藤、百稜藤、石合草、芥心草、棠毬子、醋林子、天仙藤	卷三十「《本草圖經》:《本經》外木蔓類」
	吉祥草、淡竹葉、芝草	出處未明
卷八木類	椒、皂莢、訶梨勒、巴荳、棶、楝、椿、樗、莽草、黃藥、櫚若、白楊、桄榔、南燭、梓、橡、石南、木天蓼、益智、鼠李、椰子、南藤、杉木、接骨木、欒荊、木鼈、鈎藤、欒華、賣木子、稷櫚、芫花、刺楸	卷十四「木部‧下品」

	菌桂、楮樹	卷十二「木部・上品」
	茶樹、夜合、桑樹、伏牛、蜜蒙	卷十三「木部・中品」
	凍青、棠梨	出處未明
卷九木類	松、槐、柏、榆、酸棗、蘗木、漆樹、五加皮、牡荊、蔓荊、杜仲、楓樹、蕤、丁香、沉香、藿香、金櫻、落雁木	卷十二「木部・上品」
	五倍、竹、吳茱萸、檳榔、山梔、騏驎竭、龍腦、蕪荑、枳樹、厚朴、秦皮、山茱萸、猪苓、白棘、烏藥、沒藥、菴摩勒、衛矛、海銅皮、虎杖	卷十三「木部・中品」
卷十蔬類	薑	卷八「草部・中品之上」
	芋、慈菰	卷二十三「果部・中品」
	藕豆	卷二十五「米穀部・中品」
	冬葵、莧、蕪菁、瓜、芥、菘菜、龍葵、同蒿、胡荽、苜蓿	卷二十七「菜部・上品」
	葱、韭、薤、白蘘荷、假蘇、蘇、水蘇、香薷、薄荷	卷二十八「菜部・中品」
	葫、蒜、蘩蔞、蕺菜、茄、菠菜、萵苣菜、鹿角菜、蓴菜、瓠、苦蕒、水斳、薺菜	卷二十九「菜部・下品」
	馬蘭頭、蕨、甜菜、紫豇豆、刀豆、地瓜兒、薗蒿、鶯兒腸、佛指甲、蛇葡萄、鐵掃帚、苧、野胡蘿蔔、野山藥、鷄腿兒、絲瓜、老鴉蒜、甘露、大藕兒、野落籬、眼子菜、浮薔、牛尾溫、水茮、狗腳跡、烏藍檐、碎米薺、燈鵞兒	出處未明
卷十一菓類穀類	薏苡仁	卷六「草部・上品之上」
	郁李、榅子	卷十四「木部・下品」
	胡桃、荔枝、梨、榴、橘柚、棗、葡萄、栗、覆盆子、菱、櫻桃、雞頭、 木瓜、柿、枇杷、甘蔗、林檎、橄欖、榲桲、橙、榛子、柰、楊梅、乳柑	卷二十三「果部」上、中、下品
	胡麻、麻蕡	卷二十四「米穀部・上品」
	粱米、丹黍米、麥、菉豆、豆	卷二十五「米穀部・上品」
	稻米、稷米	卷二十六「米穀部・上品」
	龍眼、梅、杏、桃、李、桐子、蓮、松子、油麻、雀麥	出處未明

　　據上表，筆者注意到：《三才圖會》前七卷「草類」中，節選、借鑑情況較爲複雜：主體部分，皆選自《證類本草》卷六至卷十一「草部」的三品六類之中；王氏父子還將《證類本草》中不載於《本草圖經》、《神農本草經》者，分散置於卷五、六、七中，另將屬於「菜部」的「蓼」，置於卷七之中。《三才圖會》編排此部分時，基本依照唐慎微的編排方法，並根據卷次、體量情況靈活安排，雖然略顯混亂，亦反映出王氏父子對這些草類植物屬性、功效的基本判斷。

　　卷八、卷九爲「木類」，有意思的地方在於：卷八部分，王氏父子《三才圖會》顛倒《證類本草》品級順序，將「木部・下品」諸種放在前面，上品、中品種類只有七種，放在此卷後半部分。而卷九又按照《證類本草》順序，先載上品十八種，次載中品二十種。王氏父子編纂此「木類」的凡例、想法等，仍無法推測。

　　與此類似，卷十「蔬類」中夾雜「米穀類」、「草類」植物，還有大量內容暫無法確定出處。卷十一雖標明「菓類」、「穀類」，亦夾雜「草類」、「木類」品種；「菓類」中，既沒有按照唐慎微分成上、中、下三品，更沒按照李時珍五果、山果、蔬果、夷果、味果、水果、不入藥之果的門類，而是置於一卷，相對而言，這也是王氏父子分類混亂的地方。

　　另外，「珍寶」卷一與「草木」卷部分，傳文既有固定格式，亦有變體格式。固定格式爲：前半段爲《證類本草》引《本草圖經》，後半段爲《神農本草經》、《名醫別錄》內容。這種處理方式，與唐慎微將《神農本草經》和《名醫別錄》置首，將《本草圖經》等引文置後的編排方式〔註54〕，正好相反。

　　以「草木」卷一「天門冬」爲例，小傳共分兩部分：「天門冬，生奉高山谷……在北嶽地陰者尤佳」爲第一部分，主要介紹天門冬分佈區域、生理特徵、種類差別、異名情況等，以《證類本草》引《本草圖經》原文的梳理、剪裁、編輯爲主。「味苦……久服延年」爲後半部分，主要爲《證類本草》引《神農本草經》與傳陶弘景撰《名醫別錄》內容〔註55〕，此部分又可細分爲

〔註54〕唐氏《證類本草》中，《神農本草經》、《名醫別錄》引文置首，明顯處於「經」的位置，《本草圖經》等其他引文用小字標示，明顯屬於「傳」、「緯」或「注文」的形式，需要多加注意。

〔註55〕原文爲：「**天門冬，味苦、甘，平、大寒，無毒。主諸暴風濕偏痺，強骨髓，殺三蟲，去伏尸，保定肺氣，去寒熱，養肌膚，益氣力，利小便，冷而能補，久服輕身，益氣延年，不饑。**」參尚志鈞等校點：《證類本草》，第150頁。

兩小部分：「味苦、平，主暴風濕偏痹，強骨髓，久服延年」，為《神農本草經》內容，「甘，大寒，無毒。定肺氣，利小便」則節選自《名醫別錄》〔註56〕。《證類本草》此兩部分內容混編，用白字、墨字加以區分，王氏父子《三才圖會》節選時，在《證類本草》原文基礎上，又加以修改，刪除部分文字，王氏父子刪減標準，尚不得而知。另外，《三才圖會》中「定肺氣……久服延年」為小字雙行注文格式，《證類本草》中為正文，而非注文。細究之，王氏父子似為節約刻版，以求在同一版中完成此條目，而採用的變通方法，此類情況較多，需要多加注意。

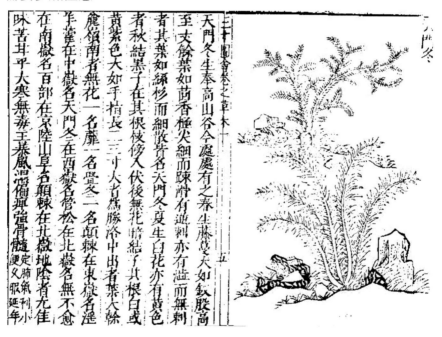

《三才圖會‧草木‧天門冬》

　　《三才圖會》「草木」卷變體格式一如下：傳文中前半段《本草圖經》文中，插入其他文字，後半段則為《神農本草經》、《名醫別錄》之文。

　　如「草木」卷一「絡石」條，「絡石，生泰山川谷」為《本草圖經》之文，而「味苦、溫，微寒，無毒。治喉痹」等短短十字，來源三書。其中，「味苦、

〔註56〕尚先生《校點說明》提到：「原文黑大字、黑小字用不同型號的宋體字表示之，白大字、白小字用不同型號黑體字表示之。」卷六卷首部分，有「三十八種神農本經　白字」、「二種名醫別錄　墨字」（143頁）的說明，據此我們得出文字歸屬結論。

－210－

溫」爲《神農本草經》，「微寒，無毒」源自《名醫別錄》。「治喉痺」三字，則爲《證類本草》引掌禹錫所引《藥性論》之文——這種引文三層相套的情況，在《證類本草》中較爲常見。具體到「治喉痺」引文情況，我們知道，《藥性論》爲唐代甄權所著，其有「絡石，君，惡鐵精，殺孽毒。味甘，平。主治喉痺」〔註57〕之載，宋代掌禹錫等編纂《嘉祐本草》時，曾引用此文，而宋代唐愼微撰《證類本草》時，又將掌禹錫轉引或考證之文，一併納入書中，因此形成引文三層相套的情況。「葉圓如細橘……但葉頭尖而赤耳」爲《本草圖經》之文，「一名石鯪……一名懸石」又分別源自《證類本草》所引之《神農本草經》、《名醫別錄》。此變體格式例證還有「茵陳」等例證。

變體格式二：傳文中前半段爲《本草圖經》之文中，後半段異名、氣味除選自《神農本草經》、《名醫別錄》外，還選取其他材料。如「草木」卷三「蘹香子」條，後半段「味辛、平，無毒」源自《名醫別錄》，而「治卒腎氣衝，脅如刀刺痛，喘息不得，亦甚理小腸氣」，則非如上文所述的《證類本草》條目起始位置的黑字、白字文字（相當於「經」類文字），而是唐愼微在「傳」或「注」的位置，引用的《食療本草》之文〔註58〕，亦備記載本草功效等重要信息。

變體格式三：傳文全部採自蘇頌《本草圖經》者，此類條目主要集中在「草木」卷五、卷六、卷七等部分。如卷五水英、麗春草、坐孥草、紫堇、杏葉草、水甘草、地柏、紫背龍牙、攀倒甑、佛甲草、百乳草、樒石合草、石薺、百兩金、小青、曲節草，卷六獨腳仙、露肋草、紅茂草、見腫消、半天回、龍牙草、苦芥子，卷七黃花了、布里草、香麻、半邊山、火炭毋草、亞麻、水麻、鴟鳥威等草類，以及七星草、石南藤、獨用藤、瓜藤、金稜藤、血藤、玉紅山、含春藤等木蔓類，條目較多，可參前文，此不俱列。

<hr>

〔註57〕尚志鈞等校點：《證類本草》，第190頁。
〔註58〕尚志鈞等校點：《證類本草》，第255頁。案，前面添加「【」標示。關於此標示，此卷首位置（243頁）有曰：「凡墨蓋子已下，並唐愼微續《證類》。」

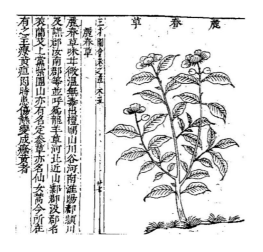

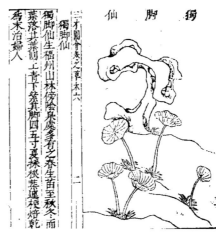

《三才圖會・草木・麗春草》　　　　　《三才圖會・草木・獨角仙》

　　變體格式四：與上述變體格式「三」較爲接近，但王氏父子節引時，又根據自己的操作辦法，略作調整。如「草木」卷六「無心草」條，《證類本草》所引《本草圖經》原文分成「產地」、「氣味」、「主治」、「習性」、「炮製」等五個部分，王氏父子則將「主治」部分統一置末，以與其他條目統一。

　　王氏父子編纂過程中，還有將兩條置於一處者，如「草木」卷七「香麻」、「田麻」條，圖版兩者皆出現，但傳文中，僅單列「香麻」條目，「田麻」順延在後，又如同卷「拳參」、「杏參」等，「草木」卷十一之「覆盆子」、「蓬藟」等，此類亦屬體例變式之一，需要多加注意。

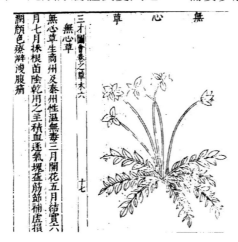

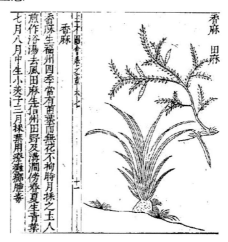

《三才圖會・草木・無心草》　　　　　《三才圖會・草木・香麻田麻》

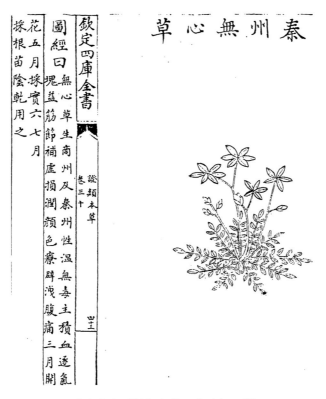

四庫全書本《證類本草・秦州無心草》

二、王氏父子借鑑《證類本草》的操作辦法與版本情況

我們這裏所說的「操作辦法」，主要針對《三才圖會》「草木」部分傳文而言。因暫時無法得見《證類本草》諸多版本，又囿於中醫素養與藥學知識，圖版部分暫未展開比較與分析。

首先，王氏父子《三才圖會》徵引《證類本草》時，修正部分文字訛誤（或爲《證類本草》無誤，文字可兩存的情況）。如「珍寶」卷一「礬石」條，「西成」〔註59〕修改爲「西戎」，「赤謂之皂礬」修改爲「亦謂之皂礬」。同卷「無名異」條，「宜州南入里龍濟山」更正爲「宜州南八里龍濟山」。文字可兩存的情況，大多屬於異體字、通假字範疇。如「草木」卷二「蛇床子」條，「令婦人子藏熱」，「藏」字，《證類本草》作「臟」，其實古代醫書中表示人體臟器之「臟」與「藏」字通用，二者屬於古今字關係，可以不必逕改。

〔註59〕　據尚志鈞先生之説，《證類本草》成化四年山東巡撫原傑翻刻金晦暝軒刻本（下簡稱「成化本」）出現此訛誤。

　　其次，王氏父子《三才圖會》中，對《證類本草》文字做了合理、妥帖的刪減、剪裁，使正文簡約得當，便於閱讀。如「珍寶」卷一「珊瑚」條，「皆摧折在網中，故難得完好者」後，刪減「不知今之取者果爾否」一句，不僅未影響文義，還使得語句簡練。「丹砂」條「出辰州、宜州、階州」前，省略「生金陵山谷，今」等文字，「生金陵山谷」為丹砂較早的出產地，時過境遷，當下的分佈情況更加重要，王氏父子刪減此句，亦屬合理。

　　又如「草木」卷二「前胡」條，「治勞下氣」，《證類本草》轉引掌禹錫（《嘉祐本草》所）引《日華子》原作「治一切勞，下一切氣」，王氏父子刪除「一切」，語義未變，而語句簡約清爽，亦較恰當。「草木」卷六「半天回」條，「等四味為末」，《證類本草》引《本草圖經》原作：「等四味，洗淨，去粗皮。焙乾，等分，搗羅為末。」〔註60〕蘇頌在此，將四類藥材自「洗淨」至「成末」的炮製程序，全部敘述一遍，王氏父子則直接省略為「四味為末」，一般醫家皆當了解此藥炮製程序，書中可不必盡皆列出，筆者以為王氏父子從省文、簡約角度的刪減還是妥當的。

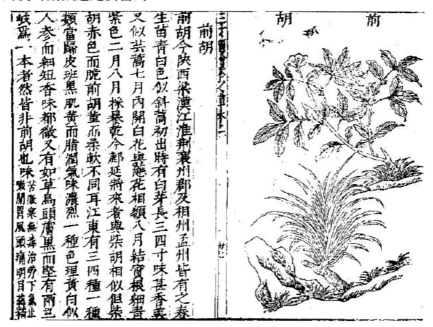

《三才圖會‧草木‧前胡》

〔註60〕尚志鈞等校點：《證類本草》，第 639 頁。

　　再次，王氏父子節選《證類本草》時，出現諸多錯訛之字。有形近而訛者。如「珍寶」卷一「鉛」條，「白錯」誤爲「白鑞」，「銅弩牙」訛爲「銅磬牙」，「醫家」訛爲「醫密」，「此灰和脂」訛爲「此灰和醋」。「長石」條，「作斜理」訛爲「作針理」。「桃花石」條，「似赤石脂、紫石英華」，「華」字不辭，當如《證類本草》作「輩」字，用以列舉諸物，用以比較。又如「草木」卷一「黃精」，「高一二尺以上」，「上」字，《證類本草》作「來」字，是；「**尺以來」爲明時描述長短高低的常用語，《三才圖會》中出現亦多，此處必屬錯誤。

　　又如「草木」卷一「地黃」，「蒸三一日，令爛」當爲「蒸三二日，令爛」之訛，「三二」爲常用詞彙，即「三兩天」之義，「三一」不辭。「草木」卷二「茅根」條，「又有菅，亦茅類也」，據《證類本草》所引《本草圖經》，「管」當爲「菅」字，「菅」爲一類草，「管」在此不辭，當爲形近而訛。同卷「茵陳」條，首句爲「茵陳嵩山、泰山」，《證類本草》作：「茵陳蒿，生泰山及丘陵坡岸上。」〔註61〕據此，王氏父子將「茵陳蒿」之「蒿」，誤爲「嵩山」之「嵩」，且將整個句子臆改爲「嵩山、泰山」，表示茵陳生於嵩山、泰山之義，完全誤解原文內容。

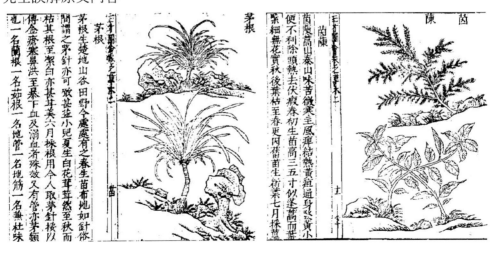

《三才圖會·草木·茅根》　　　　《三才圖會·草木·茵陳》

　　又如「草木」卷三「萆薢」條，王氏父子參考時，將其中大部分數字刊刻錯誤，令人驚歎。此條一百餘字中，錯誤達到五處。據《證類本草》所引

〔註61〕尚志鈞等校點：《證類本草》，第206頁。

《本草圖經》及《日華子》，「二指許大」，當作「三指許大」；「舊說此藥有一種」，當作「舊說此藥有二種」；「□蔓生」為「作蔓生」之闕；「春秋採根，暴花」，「暴花」不辭，當為「暴乾」，「治癱緩軟」當為「治癱緩軟」。又如「草木」卷四「白斂」條，「斂」全部為「薟」之訛，亦須逕改。

《三才圖會·草木·草薢》

又如「草木」卷七「杜莖山」條，此條共計六十八字，但文字錯誤有三處。「生宜州」訛為「生宣州」，「宜」、「宣」為形近而訛；「甚效」訛為「甚妙」；「主溫瘴寒熱，發歇不定」，「發歇」訛為「發咳」，「發歇」表示「溫瘴寒熱」等病癥是否顯現出來，時而消退之義，而「發咳」即出現「咳嗽」癥狀，與前後文句義皆不恰。又如「草木」卷八「檕若」條，「木高丈餘，若即葉也，與藥相類」中，「若」即「檕若」之若，也就是此類植物之葉，但「與藥相類」之「藥」相類，則不辭，「與……相類」當代指某種植物，據《證類本草》所引《本草圖經》，此作「與櫟相類」，「櫟」即櫟樹，王氏父子訛為「藥」字。又如「草木」卷九之「蕤核」條，條目訛為「蕤樹」，「核」與「樹」雖形近，筆者懷疑王氏父子認為「蕤核」應該是「蕤樹」，未必屬於形近而訛的情況；除此之外，「附干莖而生」當為「附枝莖而生」之誤，在古代「干」字除表示古兵器、干支、姓氏之外，用以表示「樹木枝幹」義者極少見，當亦屬王氏臆改所致。

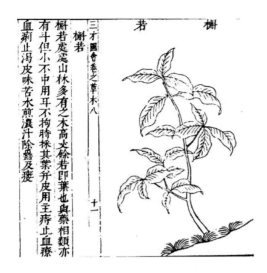

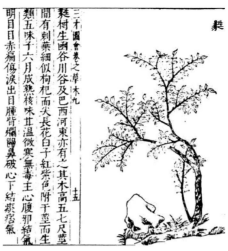

《三才圖會·草木·檞若》　　　　　　　《三才圖會·草木·蕤核》

此外，《三才圖會》中還有音近而訛、義近而訛者。前者如「珍寶」卷一「金屑」條，「金坑中所得，乃在土石中」，「金」當爲「今」之訛。後者如「珊瑚」條，「一本三枝」當爲「一本三柯」。例多，此不俱引。

復次，王氏父子節選《證類本草》時，出現諸多脫漏、衍文之字。如「珍寶」卷一「滑石」條，「乘其軟時製」之句作爲末句，語義不完，當有脫漏。查考《證類本草》，此句後面還有「作用殊少，不然堅強費功」〔註62〕等文。又如同卷「白石英」條，首句爲「白石英，生澤州者爲勝」，細考《證類本草》所引《本草圖經》，其先說明白石英分佈區域，隨後列舉陶隱居、蘇恭的判斷爲據〔註63〕，而「生澤州者爲勝」爲蘇恭的看法，此類截引，湮沒諸多信息〔註64〕，需要多加注意。又如「草木」卷六「獨角仙」條，末尾一句爲「治婦人」，治婦人何病未提及，必有疏漏。查《證類本草》所引《本草圖經》，此作：「治婦人血塊，酒煎半錢服之。」〔註65〕句義完整，表達清晰，王氏父子參考時疏於檢核所致。

〔註62〕尚志鈞等校點：《證類本草》，第 80 頁。
〔註63〕其原文曰：「白石英，生華陰山谷及泰山。陶隱居以新安出者佳，蘇恭以澤州者佳，今亦澤州出焉。」參尚志鈞等校點：《證類本草》，第 84 頁。
〔註64〕與「白石英」條性質相同者，還有同卷「赤石」條。
〔註65〕尚志鈞等校點：《證類本草》，第 639 頁。

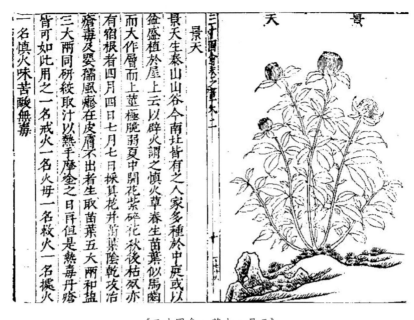

一名慎火味苦酸無毒
皆可如此用之一名戒火一名火母一名救火一名據火
三大兩同研絞取汁以熱手摩金之日乾但是熱毒丹瘡
瘡毒及嬰孺風疹在皮膚不出者生取苗葉五大兩和鹽
有宿根者四月四日七月採其花并苗葉陰乾攻冶亦
而大作層而上莖極脆弱夏中開花紫碎花秋後枯死亦
益盛植於屋上云以辟火謂之慎火草春生苗葉似馬齒
景天生泰山山谷今南北皆有之人家多種於中庭或以

景天

《三才圖會·草木·景天》

又如「草木」卷二「景天」條，傳文前半源自《本草圖經》，後半源自《神農本草經》及《名醫別錄》，均無異議。但「味苦、酸，無毒」後，當有本草功效之載，王氏父子闕之。《證類本草》文字如下：「主大熱火瘡，身熱煩，邪惡氣，諸蟲毒，痂疕，寒熱風痹，諸不足。」〔註66〕可參。又如「玄參」條，「一名玄臺，一名鹿□，一名正馬」，「鹿□」《三才圖會》作此，據《證類本草》作「鹿腸」，當據補。

關於衍文情況，如「珍寶」卷一「石膏」條，「主頭風，不及石膏也云」，「云」字位於「也」字後，罕見此類句型，疑有衍文，經查《證類本草》，無「云」字；當然王氏父子剪裁時，似改為「主頭風，不及石膏云」，去掉「也」字，以「云」字結句，似較妥當。

最後，王氏父子編輯《證類本草》文字時，有剪裁失當、刪削不盡、體例不一的情況。如「珍寶」卷一「樸硝」條，首句即剪裁不當。《三才圖會》曰：「樸硝，消石，生益州山谷及武都隴西西羌。」《證類本草》引宋蘇頌《本草圖經》原文曰：「樸硝，生益州山谷，有咸水之陽。消石，生益州山谷及武都隴西西羌。」〔註67〕據此，樸硝、消石雖性質相近，仍有諸多區別，因此

〔註66〕 尚志鈞等校點：《證類本草》，第205頁。
〔註67〕 尚志鈞等校點：《證類本草》，第78頁。

《本草圖經》分別列舉其分佈區域，王氏父子直接將其合爲一句，此句僅體現「消石」的分佈區域，而「樸硝」則有訛脫，多有不當。同卷「石膏」條，「色至瑩白，其黃者不堪入方解石，舊出下品」內容不辭，必有訛脫或剪裁失當的情況。經查《證類本草》，「其黃者不堪」後，敍述石膏與方解石比較與鑑別信息〔註68〕，王氏父子節選時，刪減不當，句意不通。又如「草木」卷二「沙參」條，「療胃痺，心腹結熱，頭痛」等文，僅觀此文，似無疑義，但《證類本草》引《神農本草經》則作「療胃痺，心腹痛，結熱邪氣，頭痛」，其眞實句義當爲「心腹疼痛」、「心腹結熱」、「心腹邪氣」三種病症，王氏父子刪削時，僅保留其一，多有不當。

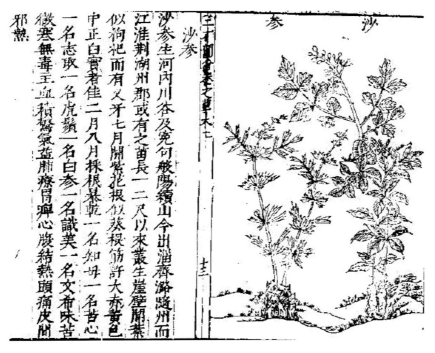

《三才圖會·草木·沙參》

又如「草木」卷一「柴胡」條，前半部分爲《證類本草》所引《本草圖經》之文，「一名地薰……亦可作浴湯」則爲《證類本草》所引《神農本草

〔註68〕　原文曰：「色至瑩白，其黃者不堪。此石與方解石絕相類，今難得眞者，用時惟取未破者以別之。其方解石不附石而生，端然獨處，外皮有土及水苔色，破之皆作方棱。石膏自然明瑩如玉石，此爲異也。採無時。方解石舊出下品……。」尚志鈞等校點：《證類本草》，第103頁。

經》、《名醫別錄》之文。「心下煩熱諸疾，熱結及濕痹拘攣」句中，「熱結」不辭，疑王氏父子刪削過甚，《證類本草》中《名醫別錄》原文曰：「除傷寒心下煩熱，諸痰熱結實，胸中邪逆，五臟間游氣，大腸停積水脹及濕痹拘攣。」〔註69〕「痰熱結實」短句中，「痰熱」與「結實」為遞進關係，「痰熱」導致「結實」，「痰熱」為主謂關係，「結實」則為動賓關係，王氏將其刪減為「熱結」，完全打散原句，實屬不當。又如「草木」卷二「狗脊」條，「治腳氣濕痹，腎氣虛弱」，《證類本草》轉引掌禹錫引《藥性論》作「軟腳邪氣濕痹，腎氣虛弱」，「軟腳邪氣」簡約為「腳氣」，語義完全不同，病癥更無關係，此亦為王氏父子處理失當之處。

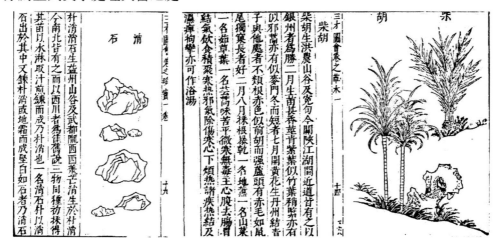

《三才圖會·珍寶·消石》　　　　　　　《三才圖會·草木·柴胡》

又如「草木」卷一「細辛」條，「或謂杜衡非也，杜衡宿根上生苗……」。「或謂杜衡非也，杜衡」雖為雙行小字注文格式，其仍為正文，王氏為排版方便暫作如此處理。「或為杜衡非也」，《證類本草》引《本草圖經》原文當作「今人多以杜衡當之。杜衡吐人，用時須細辨耳」，王氏父子將其臆改為「或為杜衡非也」，有諸多不當。「杜衡宿根上生苗」，原文為「杜衡，春初於宿根上生苗」，雖然句意大致不錯，仍不如原文強調「春初」（時間）、「宿根」（位置），顯得更加清晰。「莖如麥藁。每。」中「每」字不辭，疑王氏剪裁失當所致。原文曰：「莖如麥藁粗細，每窠上有五七葉，或八九葉，別無枝蔓。」則「每」字為「每窠上有五七葉，或八九葉，別無枝蔓」刪削未盡的殘留。又如「草

〔註69〕尚志鈞等校點：《證類本草》，第 162 頁。

木」卷二「菜耳」條，「解肌發表。出。又療金瘡」，「出」字不辭，《證類本草》原文作「解肌發表出汗，開腠理，療金瘡，止痛脅風痛」，據此「發表出汗」、「療金瘡」等句義均明確，僅保留「出」字爲刪削未盡之證，「又」字則爲王氏父子所加，用以表示轉折。

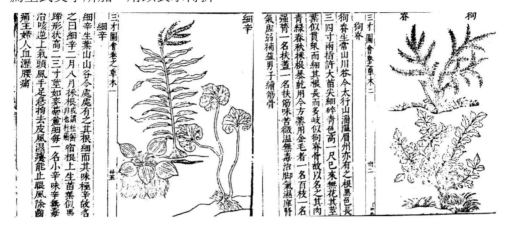

《三才圖會·草木·細辛》　　　　　　　　《三才圖會·草木·狗脊》

又如「草木」卷三「澤蘭」條，「又一名虎蘭，一名龍棗」之「又」字，初觀句意，似爲承上文而來，但上文無澤蘭異名列舉之文，自「一名虎蘭」開始，不僅是異名列舉之始，更屬於《證類本草》所引《名醫別錄》、《神農本草經》之文，前文則爲《本草圖經》之文。據此，王氏置「又」字，似爲連貫句意之用，但前後文分屬不同作品之引文，「又」字明顯多餘，當刪除。同卷「肉豆蔻」條，「六月、七月採。續傳之。味辛、溫，無毒」句中「續傳之」不辭，疑王氏父子刪削未盡所致。《證類本草》作：「《續傳信方》治脾瀉氣痢等，以蔻二顆，米醋調麵裹之……和麵碾末。」據此，「續傳之」當爲上文節選、殘留所致，筆者以爲，「續傳之」可直接刪除，「六月、七月採」即爲《本草圖經》文字，而「味辛、溫，無毒」則爲《名醫別錄》引文，兩不相礙，於義亦當。又如「草木」卷十一「薏苡仁」條，「八月採實、採根無時。實中仁。一名……」，「實中仁」前後文不洽，《證類本草》引《本草圖經》作：「今人通以九月、十月採，用其實中仁。」據此，《本草圖經》除記述宋代時期「薏苡仁」採集時間外，著重說明宋人主要利用「薏苡」的果實，也就是「薏苡仁」，這是需要注意的地方；而王氏父子節選自僅「實中仁」三字，含義模糊不清。

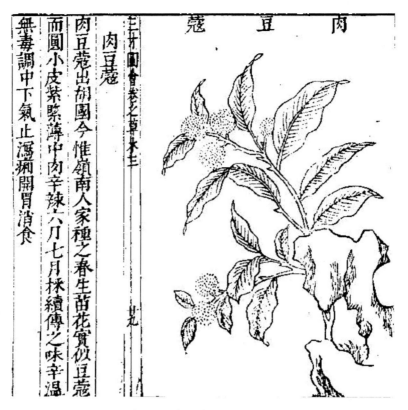

《三才圖會・草木・肉豆蔻》

肉豆蔻出胡國今惟嶺南人家種之春生苗花實似豆蔻而圓小皮紫緊薄中肉辛辣六月七月採續傳之味辛溫無毒調中下氣止瀉痢開胃消食

最後，我們簡單分析一下王氏父子所引《證類本草》的版本情況。整體看來，筆者推測王氏父子所據之本，當爲「成化四年山東巡撫原傑翻刻元張存惠晦明軒刻本」（下簡稱「成化本」），我們參閱尚志鈞先生校點本《證類本草》，列舉數例，加以簡單分析。

「珍寶」卷一「雄黃」條，「明澈，不挾石」之「挾」字，成化本等皆作此，非如尚志鈞本作「夾」。

同卷「黑羊石」條，宋代劉甲刻本〔註70〕等皆無，成化本存。

同卷「凝水石」條，「雲母可析」之「析」字，成化本作此，其他諸本不同。

「草木」卷一「薯蕷」條，「嵩高山谷」，成化本同此，諸本多作「嵩高山山谷」。

〔註70〕 即南宋嘉定四年劉甲刻本，劉氏據南宋淳熙十二年刻本重新勘校出版。

同卷「遠志」條，「古本通用遠志」，成化本同此，諸本多作「古方」。

同卷「石斛」條，「蒸九成」，成化本等同此，當爲「灸」字。

同卷「菴藺子」條，「十月採實」之「實」，成化本存此字，諸本皆無。

「草木」卷二「天名精」條，「蟾蜍蘭」，成化本同此，諸本作「蟾蟾蘭」。

同卷「景天」條，「或以盆盛植於屋上」之「盛」字，成化本同，諸本作「盎」。

同卷「菓耳」條，「《爾雅》謂之蒼耳」，「蒼耳」，成化本同，諸本作「苓耳」。

「草木」卷三「石韋」條，「故以名之」，成化本等同此，諸本多無「之」字。

同卷「天麻」條，「名曰龍皮」，成化本同此，諸本多作「名白龍皮」。

同卷「蘹香子」條，「近道人家」，成化本同此，諸本多作「近地人家」。

同卷「使君子」條，「如千指」，成化本同此，諸本作「如手指」。

「草木」卷十「冬葵子」條，「一名豕露」，成化本同，諸本作「一名承露」。

例證還有許多，筆者不再列舉。尚志鈞先生校點本有非常詳盡的版本校勘，有興趣的讀者可以參閱。從錯誤一致、異文相同、條目異同等方面來講，王氏父子編纂《三才圖會》時參閱的工作底本，即筆者這裏所提到的「成化本」。

另外，尚志鈞先生還提到，清文淵閣四庫全書本《證類本草》即以「成化本」爲底本，重新抄校而成〔註71〕，商務印書館「四部叢刊・初編」影印之《證類本草》亦爲「成化本」〔註72〕，筆者曾簡單核對數條，亦驗證了尚先生的論斷，這是需要特別說明的地方。

總之，王氏父子於中醫理論、本草藥學、臨床藥劑等方面，並不具備基本的知識背景、臨床經驗及學科思維，一方面《三才圖會》借鑑《證類本草》，

〔註71〕　參尚志鈞《成化本〈證類本草〉版本的討論》、《四庫全書〈證類本草〉是成化本〈證類本草〉》等文章，載氏校點《證類本草》卷末附錄《〈證類本草〉文獻源流叢考》，第22～26頁。

〔註72〕　非如版刻扉頁所述，據「金泰和甲子晦明軒刊本」刊刻而成，而當如尚志鈞先生所述，「四部叢刊」之本亦爲「成化本」，參尚志鈞：《商務版〈政和本草〉錯簡例》、《商務影印〈政和本草〉版本辨僞》，載氏校點《證類本草》附錄《〈證類本草〉文獻源流叢考》，第27～29頁。

特別是《證類本草》所載《本草圖經》時，保存了部分重要內容、選載重要本草圖版、做了初步編輯整合等工作，爲《本草圖經》提供一個新的參考版本，在文獻學方面有一定的價值；另一方面，王氏父子在編纂《三才圖會》過程中，打亂體例、割裂文獻、肢解原文、剪裁失當、竄切前書〔註 73〕，其失誤之處亦復不少，這是值得特別注意的地方。

〔註 73〕 尚志鈞先生評述《本草綱目》時，提到：「（證類本草）對收錄秦代本草資料，皆原文轉錄，按時代次序排列，形成層層包裹，成爲本草史上一顆燦爛的明珠。這比《本草綱目》竄切前代本草原始面貌，要更高一籌。」參氏撰《證類本草・前言》。

第五章 兩部《三才圖會》的文獻使用情況（下）

第一節 《和漢三才圖會》引《本草綱目》考（上）

作爲醫生、醫官的寺島良安編纂《和漢三才圖會》時，對各類中醫文獻極爲熟稔，又極其重視。因此，《和漢三才圖會》參閱的近五百種各類文獻中，借鑑、引用、化裁最多的文獻就是明代李時珍的《本草綱目》。下面我們結合劉衡如、劉山永兩位先生《（新校注本）本草綱目》〔註1〕，分兩節加以詳細闡釋，本節主要分析《和漢三才圖會》對《本綱》的引用、刪減、化裁與編輯等方面，第二節主要側重於分析寺島良安對《本綱》的糾繆、補缺、比較、考證等方面。

一、《和漢三才圖會》引《本草綱目》的基本情況

《本綱》金陵本面世之後，時間不久即流傳日本，自長崎登陸，日本著名學者林羅山等有購置、觀閱《本草綱目》的記錄。《本綱》明代時期的金陵本、江西本、湖北本、錢本等，日本皆有收藏，以不同版本爲底本的「和刻本」亦多，日本學者、醫學家參考、借鑑、研究《本綱》的學者極多，周敏《〈本草綱目〉在日本江戶時期的傳承及影響研究》〔註2〕一文，有詳細分析與統計。但周氏文中，沒有寺島良安借鑑《本綱》的分析，我們這裏略作闡釋。

〔註1〕上、下冊，華夏出版社1998年。下簡稱「本綱」。
〔註2〕中國中醫研究院碩士論文，肖永芝研究員指導，2009年。

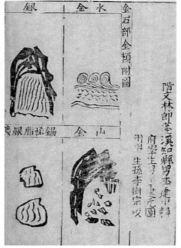

日本東京圖書館藏明萬曆十八年金陵刻本　　「金類附圖」　　　　卷三十一目錄〔註3〕

　　筆者曾對《和漢三才圖會》文獻引用情況，做了較爲詳細而審愼的統計〔註4〕。其中，寺島良安《和漢三才圖會》中引用《本綱》者，共計有一三二六處，涉及各類本草一一二三種，約佔《本綱》總數一八九七種本草的五分之三，據此可見寺島良安對《本綱》的信任、重視與熟稔程度。

劉衡如校本《本綱》書影　　　　《和漢三才圖會・凡例》　　　《造釀類・大豆豉》條

〔註3〕筆者案，此章圖版部分，未特別注明者皆爲日本東京圖書館藏明萬曆十八年金
　　　　陵刻本。

〔註4〕詳參第四章第一節的有關論述。

　　《和漢三才圖會》大量引用《本綱》者，主要集中在「人部」、「地部」之中，共計四十八卷，約佔《和漢三才圖會》總卷數的 44%，分量較重，體量亦大。

　　其中，《和漢三才圖會・人部》卷三十七至卷五十三部分，分別登載獸禽、介甲、魚蟲等各類動物，寺島良安編纂此部分時，各條傳文內容絕大部分皆以《本綱》釋文置首，相當於「經」的位置，而其他有關文獻，分門別類，隨後編排，類似於「傳」之內容；而添加「△」標示、寺島良安辨析考證部分殿後，以成完璧。

　　《和漢三才圖會》卷五十七至卷六十一為「地部」之始，所載水、火、金、石（包括玉石、雜石）等條目。與上述相似，這些條目傳文部分，亦以《本綱》引文為「經」，其他文獻為「傳」，寺島良安考證殿後之法，編排各圖傳條目。《和漢三才圖會》卷八十二至卷一百五亦為「地部」內容，共計二十六卷，分載木、果、草、菜、穀、豆及造釀類條目，借鑑《本草綱目》原則與方法與上所述相同。

二、《和漢三才圖會》借鑑《本草綱目》的操作辦法（宏觀層面）

　　關於《和漢三才圖會》借鑑《本草綱目》的問題，筆者擬從宏觀與微觀兩個方面加以分析。宏觀方面，寺島良安借鑑《本草綱目》，主要體現在相關卷次條目配置、卷內條目分合以及條目引文體例不一等方面。

（一）關於《和漢三才圖會》所引《本綱》卷目、卷次及條目配置情況，我們略作分析。

　　筆者以《和漢三才圖會》及劉衡如先生校點本《本草綱目》為基礎，做了詳細的比對、分析與統計工作，詳參下表：

《和漢三才圖會》引《本綱》一覽表

《本綱》卷次	條　目	《和漢三才圖會》相應卷次
卷五水部 天水、地水	雨水、露水、流水、醴泉、溫湯	卷五十七水類
卷六火部	陽火、陰火、艾火、火針	卷五十八火類
卷八金石部 （金、玉）	金、銀、赤銅、自然銅、銅青、鉛、鉛霜、水銀、鋼、密陀僧、玉、珊瑚、馬腦、寶石、玻	卷五十九金類 卷六十玉石類

	璃、水精、火珠、琉璃、雲母、白石英、紫石英、菩薩石	
卷九金石部石類	丹砂、水銀、水銀粉、粉霜、銀朱、靈砂、雄黃、雌黃、長石、方解石、滑石、不灰木、松石、五色石脂、爐甘石、井泉石、無名異、蜜栗子、石鐘乳、孔公蘗、殷蘗、土殷蘗、石床、石腦、石髓、石腦油、地溲、石炭、然石、石灰、石面、浮石、石芝	卷六十一雜石類
卷十金石部石類	陽起石、慈石、玄石、代赭石、禹餘糧、空青、曾青、扁青、石膽、礬石、砒石、金星石、婆娑石、礞石、花乳石、金剛石、砭石、薑石、麥飯石、水中白石、河砂、石燕、石蟹、蛇黃	卷六十一雜石類
卷十一金石部鹵石	食鹽、凝水石、玄精石、綠鹽、樸硝、消石、硇砂、蓬砂、石硫黃、石硫赤、石硫青、礬石、綠礬、黃礬	卷六十一雜石類
卷十二草部山草	甘草、黃芪、人參、芎藭、沙參、薺苨、桔梗、長松、黃精、萎蕤、知母、肉蓯蓉、鎖陽、天麻、术、狗脊、貫眾、巴戟天、遠志、淫羊藿、仙茅、玄參、地榆、丹參、紫參、王孫、紫草、白頭翁、白及、三七	卷九十二本、末山草類
卷十三草部山草	黃連、胡黃連、黃岑、茈胡、前胡、防風、獨活、土當歸、升麻、苦參、白鮮、延胡索、貝母、山慈姑、石蒜、水仙、白茅、地筋、芒、龍膽、細辛、杜衡、及己、鬼督郵、徐長卿、白薇、白前、草犀	卷九十二本、末山草類
卷十四草部芳草	當歸、穹藭、蘼蕪、蛇床、槁本、白芷、芍藥、牡丹、木香、甘松香、山柰、廉薑、杜若、山薑、高良薑、豆蔻、白豆蔻、縮砂蔤、益智子、蓽茇、蒟醬、肉豆蔻、補骨脂、薑黃、鬱金、蓬莪術、荊三棱、莎草、香附子、瑞香、茉莉、鬱金香、茅香、艾納香、線香、藿香、薰草、零陵香、蘭草、澤蘭、馬蘭、香薷、爵床、假蘇、薄荷、積雪草、蘇、荏、水蘇、薺苧	卷九十三芳草類
卷十五草部隰草類	菊、野菊、淹閭、蓍、艾、千年艾、茵陳蒿、青蒿、黃花蒿、白蒿、角蒿、馬先蒿、牡蒿、茺蔚、薇銜、夏枯草、劉寄奴草、曲節草、旋夏花、青葙、陶朱術、雁來紅、雞冠、大薊、小薊、續斷、苦芺、漏盧、飛廉、苧麻、苘麻、大青、胡蘆巴、蠡實、馬藺子、惡實、牛蒡、菜耳、天名精、希薟、箬、蘆、甘蕉、蘘荷、麻黃、木賊、石龍芻、龍常草、燈心草	卷九十四本、末濕草類

卷十六草部 隰草類	地黃、牛膝、紫菀、女菀、麥門冬、萱草、淡竹葉、鴨蹠草、葵、蜀葵、龍葵、菟葵、黃蜀葵、龍葵、龍珠、酸漿、蜀羊泉、敗醬、鹿蹄草、迎春花、款冬花、鼠麴草、決明、地膚、瞿麥、王不留行、剪春羅、金盞草、葶藶、車前、狗舌草、馬鞭草、蛇含、女青、鼠尾草、狼把草、狗尾草、鱧腸、連翹、藍、藍澱、青黛、蓼、水蓼、馬蓼、葒草、毛蓼、火炭母草、三白草、蠶網草、蛇網草、虎杖、蒴、蓄、葧薺、蒺藜、穀精草、海金沙、水楊梅、地蜈蚣草、半邊蓮、紫花地丁、見腫消	卷九十四本、末濕草類
卷十七草部 毒草類	大黃、商陸、狼毒、防葵、狼牙、閭茹、大戟、澤漆、甘遂、續隨子、莨菪、雲實、蓖麻、蜀漆、藜蘆、木藜蘆、附子、虎掌、蒟蒻、半夏、蚤休、鬼臼、射干、玉簪、鳳仙、曼陀羅花、羊躑躅、芫花、蕘花、醉魚草、莽草、茵芋、石龍芮、毛茛、虱建草、蕁麻、海芋、透山根、鉤吻	卷九十五毒草類
卷十八草部 蔓草類	菟絲子、五味子、蓬藟、覆盆子、懸鉤子、蛇莓、使君子、木鱉子、番木鱉、馬兜鈴、盍藤子、預知子、牽牛子、旋花、月季花、栝樓、王瓜、葛、天門冬、萆薢、土茯苓、白蘞、赭魁、鵝抱、九仙子、山豆根、黃藥子、白藥子、茜草、防己、通草、通脫木、鉤藤、白英、赤地利、紫葛、烏蘞莓、䔧草、羊桃、絡石、　木蓮、千歲藟、忍冬、天仙藤、南藤、省藤、紫藤、千里及、藤黃	卷九十六蔓草類
卷十九草部 水草類	澤瀉、蕱草、羊蹄、酸模、菖蒲、白昌、香蒲、菰、苦草、水萍、蘋、萍蓬草、苔菜、水藻、蓴、水藻、海藻、海蘊、昆布、水松	卷九十七水草類
卷二十草部 石草類	石斛、骨碎補、石韋、金星草、石長生、景天、佛甲草、虎耳草、石胡荽、螺靨草、酢漿草、地錦、崖棕	卷九十八石草類
卷二十一草部 苔類、砠草	陟厘、干苔、船底苔、石蕊、地衣草、垣衣、屋遊、昨葉何草、烏韭、卷柏、玉柏、艾納、馬勃	卷九十七水草類
卷二十二穀部 麻麥稻	胡麻、亞麻、大麻、小麥、大麥、雀麥、蕎麥、稻、粳、秈	卷一百三穀類
卷二十三穀部 稷粟類	稷、黍、蜀黍、玉蜀黍、粱、粟、秫、穇子、稗子、東廧、菰米、薏苡、罌子粟、阿芙蓉	卷一百三穀類
卷二十四穀部 菽豆類	大豆、黃大豆、赤小豆、綠豆、白豆、豌豆、蠶豆、豇豆、扁豆、刀豆、黎豆	卷一百四菽豆類

卷二十五穀部造釀類	大豆豉、豆腐、飯、粥、麨、糕、粽、麴、神麴、飴糖、醬、醋、酒、燒酒、糟	卷一百五造釀類
卷二十六菜部葷辛類	韭、蔥、胡蔥、薤、蒜、山蒜、芸薹、菘、芥、白芥、蕪菁、生薑、乾薑、茼蒿、邪蒿、胡荽、胡蘿蔔、水芹、堇、紫堇、馬蘄、懷香、蒔蘿、羅勒、白花菜	卷九十九葷草類
卷二十七菜部柔滑類	波菜、蘿菜、薺菜、薺、菥蓂、繁縷、雞腸草、苜蓿、莧、馬齒莧、苦菜、白苣、萵苣、水苦賣、翻白草、蒲公英、黃花菜、生瓜菜、薇、蕨、薇、翹搖、鹿藿、灰藋、藜、芋、土芋、薯蕷、零餘子、甘薯、百合、竹筍	卷一百二柔滑菜
卷二十八菜部蓏菜類	茄、壺盧、苦瓠、冬瓜、南瓜、越瓜、胡瓜、絲瓜、苦瓜、芝、木耳、皂莢蕈、藿菌	卷一百蓏菜類卷一百一芝栭類
卷二十九果部五果類	李、杏、巴旦杏、梅、楊梅、桃、栗、天師栗、棗	卷八十六五果類
卷三十果部山果類	梨、鹿梨、棠梨、木瓜、楂子、榲桲、山楂、庵羅果、柰、林檎、柿、椑柿、君遷子、安石榴、橘、柑、橙、柚、枇杷、楊梅、櫻桃、銀杏、胡桃、榛子、橡子、鉤栗、橡實、槲實	卷八十七山果類
卷三十一果部夷果類	荔枝、龍眼、橄欖、木威子、庵摩勒、五斂子、榧實、海松子、檳榔、大腹子、椰子、無漏子、桄榔子、莎木面、波羅蜜、無花果、天仙果、古度子阿勒勃、都念子、馬檳榔、枳椇	卷八十八夷果類
卷三十二果部味類	秦椒、蜀椒、崖椒、蔓椒、地椒、胡椒、山胡椒、畢澄茄、吳茱萸、鹽麩子、醋林子、茗、皋蘆	卷八十九味果類
卷三十三果部蓏類水果類	甜瓜、西瓜、葡萄、嬰奧、獼猴桃、甘蔗、沙糖、蓮藕、芰實、芡實、烏芋、慈姑	卷九十蓏果類卷九十一水果類
卷三十四木部香木類	柏、松、杉、桂、箘桂、木蘭、辛夷、沉香、蜜香、丁香、檀香、降真香、楠、樟、釣樟、烏藥、櫰香、必栗香、楓香脂、薰陸香、沒藥、騏驎竭、安息香、蘇合香、篤耨香、龍腦香、樟腦、阿魏、蘆薈、胡桐淚、返魂香	卷八十二香木類
卷三十五木部喬木類	蘗木、小蘗、黃櫨、厚樸、杜仲、椿樗、漆、梓、楸、桐、梧桐、罌子桐、海桐、楝、槐、檀、莢蒾、秦皮、合歡、皂莢、肥皂莢、無患子、欒華、無食子、訶黎勒、櫸、柳、檉柳、水楊、白楊、枎栘、松楊、榆、蕪荑、蘇方木、烏木、樺木、欀木、棕櫚、烏臼木、海紅豆、相思子、豬腰子、石瓜	卷八十三喬木類

卷三十六木部灌木類	桑、柘、楮、枳、枸橘、梔子、酸棗、白棘、蕤核、山茱萸、胡頹子、金櫻子、郁李、鼠李、女貞、冬青、枸骨、衛矛、南燭、五加、五加皮、枸杞、溲疏、楊櫨、石南、牡荊、蔓荊、紫荊、木槿、扶桑、木芙蓉、蠟梅、伏牛花、密蒙花、木綿、柞木、黃楊木、不凋木、賣子木、木天蓼、接骨木、大空	卷八十四灌木類
卷三十七木部寓木、苞木	茯苓、琥珀、豬苓、雷丸、桑上寄生、占斯、竹仙人杖	卷八十五寓木類
卷三十八服器部服帛、器物	絹、草鞋、屐屧鼻繩、紙	卷十五藝器 卷二十七絹布類 卷三十履襪類
卷三十九蟲部卵生類	蜂蜜、蜜蠟、蜜蜂、土蜂、大黃蜂、露蜂房、竹蜂、赤翅蜂、藝翁、五倍子、桑螵蛸、螳螂、雀甕、蠶、雪蠶	卷五十二卵生類
卷四十蟲部卵生類	青蚨、蛺蝶、蜻蛉、棗貓、斑蝥、芫青、葛上亭長、地膽、蜘蛛、草蜘蛛、壁錢、蝎、蠍、水蛭、蟻、白蟻、青腰蟲、蠅、狗蠅、牛虱、墻虱、人虱	卷五十二卵生類
卷四十一蟲部化生類	蠐螬、蚱蟬、蟬花、蟯蠐、蜉蝣、天牛、螻蛄、螢火、衣魚、鼠婦、蟅蟲、蜚蠊、行夜、灶馬、鼠蟲、金龜子、叩頭蟲、蜚虻、蚊子、蚋子、竹虱	卷五十三化生蟲類
卷四十二蟲部濕生類	蟾蜍、蛤蟆、蝌斗、田父、蜈蚣、馬陸、蚰蜒、蠼螋、蚯蚓、蝸牛、緣桑螺、沙虱、水黽、豉蟲、砂挼子、蛔蟲	卷五十四濕生蟲類
卷四十三鱗部龍類、蛇類	龍、吊、蛟龍、鼉龍、鯪鯉、石龍子、守宮、蛤蚧、蚺蛇、鱗蛇、白花蛇、烏蛇、金蛇、黃頷蛇、蝮蛇、天蛇	卷十五龍蛇類
卷四十四鱗部魚類、無鱗魚	鯉魚、鱮魚、鱒魚、鯆魚、鯇魚、青魚、鯔魚、鰻魚、鱧魚、墨頭魚、勒魚、鱭魚、鮬魚、嘉魚、鯧魚、鯽魚、魴魚、鱸魚、鱖魚、鯊魚、石斑魚、黃鯝魚、鰷魚、鱠殘魚、鱵魚、鱯魚、金魚、鱧魚、鰻鱺魚、海鰻鱺、鮹魚、黃魚、鱘魚、慧魚、鯰魚、夷魚、鯢魚、黃顙魚、海豚魚、比目魚、鮫魚、烏賊魚柔魚、章魚、海鷂魚、文鰩魚、海蝦、海蝦、海馬、諸魚有毒	卷四十八河海有鱗魚 卷四十九江海有鱗魚 卷五十河湖無鱗魚 卷五十一江海無鱗魚
卷四十五介部龜鱉類	水龜、秦龜、蠵龜、瑇瑁、綠毛龜、攝龜、賁龜、鱉、納鱉、能鱉、珠鱉、黿、蟹、鱟魚	卷四十六介甲部

卷四十六介部蚌蛤類	牡蠣、蚌、馬刀、蜆、眞珠、海蛤、文蛤、蛤蜊、蟶、擔羅、車螯、車渠、貝子、紫貝、珂、淡菜、海螺、田螺、蝸螺、蓼螺、寄居蟲、海鏡、海燕、郎君子	卷四十七介貝部
卷四十七禽部水禽類	鶴、鸛、鶬雞、禿鶖、鵜、鵜鶘、鵝、雁、鵠、鴇、鶩、鳧、鴛鴦、鸂鶒、鵁鶄、旋目、方目、鷺、鶻鵃、鸕鷀、魚狗、蚊母鳥	卷四十一水禽類
卷四十八禽部原禽類	雞、雉、鸐雉、鷩雉、吐綬雞、鶡雞、白鷳、鷓鴣、英雞、秧雞、鶉、鷃、鴿、突厥雀、雀、蒿雀、巧婦鳥、燕、伏翼、鸓鼠、寒號蟲	卷四十二原禽類
卷四十九禽部林禽、山禽	斑鳩、青鶄、鳲鳩、桑鳸、伯勞、鶷鳩、鸜鵒、百舌、鸎、啄木鳥、慈烏、烏鴉、鵲、山鵲、鶻嘲、杜鵑、鸚、秦吉了、鳥鳳、鳳凰、孔雀、駝鳥、鷹、雕、鶚、鴟、鴟鵂、鴞、鴆、姑獲鳥、治鳥、獨足鳥	卷四十三林禽類卷四十四山禽類
卷五十獸部畜類	豕、狗、羊、黃羊、牛、馬、驢、駝、阿膠、黃明膠、牛黃、鮓答、狗寶	卷三十七畜類
卷五十一獸部獸類、鼠類、寓類、怪類	獅、虎、酋耳、駁、黃腰、豹、貘、狡兔、象、犀、犛牛、牦牛、野馬、野豬、豪豬、熊、羆、羱羊、山羊、鹿、麋、麂、麝、靈貓、貓、狸、風狸、狐、貉、貛、木狗、豺、狼、兔、水獺、海獺、膃肭獸、鼠、鼮鼠、隱鼠、鼨鼠、竹鼬、貂鼠、鼬鼠、鼱鼠、猥、獼猴、狨、猿、獨、果然、猩猩、野女、狒狒、山都、木客、罔兩、彭侯	卷三十八獸類卷三十九鼠類卷四十寓類、怪類
卷五十二人部	亂髮、耳塞、牙齒、婦人月水、人胞、初生臍帶、人傀	卷十二支體部
備　注	上表中，第二列「條目」部分與第三列《和漢三才圖會》相應卷次」爲簡單對應關係，個別條目稍有出入。	

　　據上表，我們注意到：首先，《和漢三才圖會》參引範圍，涵蓋《本綱》全書。除《本綱》前四卷、卷七「土部」未採用，卷三十八服器部、卷五十二「人部」採用較少之外，《和漢三才圖會》條目與引文，幾乎遍佈《本綱》全書。

　　其次，《和漢三才圖會》中金屬、石玉、動植物等條目雖相對集中，但與《本綱》編纂與排列原則不同。寺島良安按照天、人、地之序排列，其中，金屬、石玉、動物等條目，主要集中在「人部」之末；草木、果蔬、穀豆等主要在「地部」之末；而《本綱》全書編排原則是：水、火、土居首〔註5〕，

〔註 5〕李時珍曰：水火爲萬物之先。

金、石次之〔註6〕，隨後爲植物〔註7〕、服器〔註8〕、動物〔註9〕，人部殿後。

再次，寺島良安相關卷目名稱，幾乎全採自《本綱》，但對少部分卷次、條目作了必要調整。《本綱》「金石類」共有三卷，分載金、玉、石、鹵石四類，寺島良安則分成「金」、「玉石」、「雜石」三卷，有關條目亦作合理分割。《本綱》卷二十二至卷二十五爲「穀部」，並細分爲麻麥稻、稷粟、菽豆、造釀四部分，良安引用時，將前二者合一，菽豆、造釀則各列一卷，條目亦作歸類。又如《本綱》卷二十八爲「蔬菜類」，良安從中單立「芝栭類」一卷，載芝、木耳、松蕈等特殊且不易劃分的種類。《本綱》卷三十八爲服器部，載日常生活中使用的各類服帛、器物等。良安選取較少種類，靈活置於「人部」藝器、絹布、履襪等卷次之內。《本綱》卷四十四爲鱗部二，載「魚類」、「無鱗魚」，換言之，李時珍此卷所載爲有鱗魚、無鱗魚兩大類。寺島良安則根據島國日本的具體情況，除有鱗、無鱗外，又各細分爲河湖、江海兩個門類，以將《本綱》所載、日本獨有的各式魚類合理地歸類與分卷。《本綱》卷四十五、卷四十六皆爲「介部」，寺島良安未更改《本綱》分卷情況，但將卷目分別改爲「介甲」、「介貝」，更加符合事實，體現了日本江戶時期科學思想的進步。

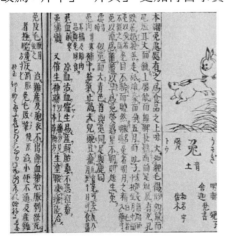

《和漢三才圖會·兔》

《本草綱目·敗筆》

〔註6〕李時珍曰：金、石從土。

〔註7〕李時珍曰：草、穀、菜、果、木，從微至巨也。

〔註8〕李時珍曰：服、器從草木也。

〔註9〕李時珍：蟲、鱗、介、禽、獸，終之以人，從賤至貴也。以上諸條說明，皆見李時珍《本草綱目·凡例》第二條，參劉衡如等點校：《本草綱目》，卷首，第223頁。

（二）關於《和漢三才圖會》中「卷內條目分合」等方面情況，例證亦多。

如卷三十一「庖廚具」中「釜」與「甑」二條，皆引《本綱》卷三十八「服器部・甑」條爲據。又如卷三十八「獸類・兔」條，其最後一句作：「兔毛敗筆，燒灰，治小便不通及產難。」〔註10〕查閱《本綱》「兔」條，皆無此文，而下一條目「敗筆」中則載此文，換言之，良安將兩條目之文，並於一處；另外，「敗筆」也就是使用過度、筆鋒損毀的兔毛筆，其置於《和漢三才圖會》「獸部・兔」條或《本綱》「獸部・兔」條之後，似顯不當，讀者需要注意〔註11〕。又如卷五十九「金類・鉛」條，據《本綱》，寺島良安將「鉛」、「鉛霜」兩條合併，統一於《和漢三才圖會》「鉛」條目之下。卷六十一「雜石類・石腦」條將《本綱》「石腦」、「石髓」二條合併，卷八十三「喬木類・黃蘗」條，將《本綱》「黃蘗」與「檀桓」合一，置於此處。

與此相反，《和漢三才圖會》中還有誤將《本綱》一條分成兩條目者。典型例證如卷九十「蓏果類・甜瓜」條目，單立「瓜蒂」（即甜瓜之蒂）一條，實屬不必要。

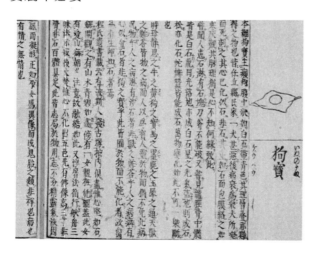

《和漢三才圖會・狗寶》

《本草綱目・狗寶》

〔註10〕 寺島良安：《和漢三才圖會》，第 450 頁；劉衡如等點校：《本草綱目》，第 1892頁。

〔註11〕 另外，此卷還有「狡兔」條，值得注意。

（三）關於「條目引文體例不一」情況，例證較多。

按照寺島良安《和漢三才圖會・凡例》「混爲一，惟謂『本綱曰』」的原則，《本綱》引文之內，不出現具體文獻名稱〔註12〕，但亦有體例不一者。如卷三十七「畜類・狗寶」條，「狗寶，生癩狗腹中……而成鬼胎之類，非祥也，病也」，皆爲《本綱・狗寶》條「集解・時珍曰」之文，按照李時珍的編纂條例，其本人所述，不註明出處；引文者皆注明文獻名稱。細而言之，此數百文字中，除時珍自述外，還有引用賈似道《悅生隨抄》、程顥及程頤《程氏遺書》、宋濂《宋潛溪文集》等文獻之說。反觀《和漢三才圖會》之文，第四段首有「《程氏遺書》載云……」之文，如果不查閱《本綱》原文，讀者一般認爲，良安參閱《本綱》、《程氏遺書》兩種文獻，似是而非。同一段落「浮屠法循肬舟三昧法」及後續文字，亦非《程氏遺書》之文，而源自李時珍所選《宋潛溪文集》。據此，良安編纂過程中雖自定規則，但並非始終執行；具體到此條內容，應刪減「《程氏遺書》載云」六字，不再分段，爲妥當之法。

又如卷四十一「禽類・鸜」條，傳文前有「《本綱》曰」三字，即此部分文字源自《本綱》。但傳文第二段又作「《禽經》云……」〔註13〕，一般而言，讀者想當然認爲，寺島良安此部分當參閱《本綱》、《禽經》二書。而實際情況則是：「《禽經》云……」等文，仍爲「集解・時珍曰」之文，換言之，即李時珍引用《禽經》文字；寺島良安並未參閱《禽經》一書，僅因另起一段，形成參閱多種文獻的假象罷了〔註14〕。

另外，「條例不一」還體現在寺島良安將非《本綱》之文，錯置於《本綱》中，從而產生訛誤。如卷四十二「原禽・鶉」條，「其性淳，不越橫草，竄伏淺草」一句中，「其性淳」、「竄伏淺草」皆《本綱》「釋名」中李時珍之文，而「不越橫草」四字，則源自《埤雅》，其文曰：「俗言此鳥性淳憨，不越橫草，所遇小草橫其前，即旋行避礙，名之曰淳。」〔註15〕據此，筆者認爲，「釋名」之文雖名「時珍曰」，其實當爲李時珍化用《埤雅》之文而成者，寺島良

〔註12〕寺島良安多用「曰」、「又曰」等文字，標示除「時珍曰」之外、《本綱》書內其他文獻情況。
〔註13〕寺島良安：《和漢三才圖會》，第465頁。
〔註14〕與此類似者，還有卷一百三「穀類・蜀黍」條，傳文首爲「《本綱》曰」等文字，但段末亦有「《博物志》云」等文，據《本綱》原文，《博物志》引文，亦爲「集解」李時珍之引文。參寺島良安：《和漢三才圖會》，第1445頁；劉衡如等點校：《本草綱目》，第997頁。
〔註15〕陸佃：《埤雅・釋鳥》，卷八「鶉」條，明成化年間初刻、嘉靖重修本。

安參閱《本綱》時，手中正好有《埤雅》文本〔註16〕，因此互參兩文獻，而成此文。

第二節　《和漢三才圖會》引《本草綱目》考（下）

《和漢三才圖會》對《本草綱目》微觀層面的借鑑與改造，主要體現在有關條目的架構與文字編纂方面，詳情如下：

一、《和漢三才圖會》刪除《本草綱目》「釋名」、「集解」、「發明」、「附方」等條例標示，將引文打亂重編。

關於借鑑、化裁《本綱》情況，《和漢三才圖會·凡例》第二條曰：「《本草綱目》集解，諸先生異論許多，取其中適要者，欵用二氏三氏之言，混爲一，惟謂『本綱日』。」〔註17〕據此，良安節選、化裁《本綱》，主要體現三點：「適要」，即適當、簡要，不僅體現於文獻辨析、選擇方面，還體現於行文簡練、文辭簡約方面；「欵用」及「二氏三氏之言」，主要強調選文原則、文獻數量，一般選取二三家之說；「混一」，主要強調打亂原有架構、文獻格局，採用重編、重排形式，安排文字。

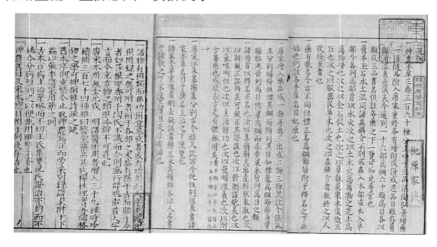

《本草綱目·凡例》（部分）〔註18〕

〔註16〕 據筆者統計，《和漢三才圖會》引用陸佃《埤雅》者有七處。
〔註17〕 寺島良安：《和漢三才圖會》，卷首《凡例》，第13頁。
〔註18〕 案此「凡例」部分，版刻文字前後不一，存疑待考。

　　筆者以爲，《本綱》將有關本草分成三個層次：第一層次爲本草「總名」（即條目名稱，包括「釋名」、「集解」等編纂條例）、「分名」（爲筆者自擬名稱，即動物類本草之肉、骨、皮、齒、血、脂、髓、腦、毛、溺、屎及臟器等，植物類本草之苗、葉、枝、花、子、實、根等）；第二層次即本草總名、分名之「氣味」、「主治」、「發明」及「附方」等方面條例；第三層次，即有關條例下，分門別類備載各類重要文獻。這些文獻以醫學作品爲主，包括醫經、本草、針灸、傷寒、脈學、分科、養生、方書、醫案等多個門類，以經史百家爲輔，廣泛涉獵經、史、子、集四部。另外，所引文獻中凡標識「時珍曰」者，皆爲李時珍分析、辯證之內容，價值猶大。

　　寺島良安行醫多年，醉心醫籍，熟稔藥物，辯證體會深刻，臨床診療經驗豐富，以上所述《本綱》編纂條例、分類、內容、文獻及思想〔註 19〕等多個方面爛熟於心，積有經驗，編纂《和漢三才圖會》時，對《本綱》的參閱、節引、借鑑、化裁、改造更有明確體例。

　　因此，寺島良安將李時珍所定編纂體例全部打亂，首先條目有分又合，見上文所述，此不俱引；其次，傳文中，刪除「釋名」、「集解」、「辨疑」、「正誤」、「修治」、「氣味」、「主治」、「發明」、「附方」等體例名目；再次，引文主要以「集解」、「氣味」、「主治」三條例下之文爲主，復次，「集解」、「氣味」、「主治」等條例引文中，又以引李時珍說（即《本綱》中「時珍曰」之文）爲主，以蘇恭《唐本草》、蘇頌《本草圖經》〔註20〕、陳藏器《本草拾遺》等爲輔，《本綱》中其他文獻，多略而未載；最後，《和漢三才圖會》傳文，多按照「出產」、「形狀」、「氣味」、「主治」、「附方」的編纂體例，安排文字。以上所述編纂體例與原則，分見於所引一千二百多種的動物、植物、礦物、金屬類條目中，例多不俱引，讀者可自行參閱。

二、《和漢三才圖會》對《本草綱目》文獻繁複、內容駁雜的合理刪減、合併與改寫。

　　關於刪減文字方面，如卷一「天部・月桂」條，《本綱》「杭州靈隱寺月

〔註19〕　其中，李時珍《本草綱目・凡例》十二條，簡明列舉此書編纂原則、分類、
　　　　體例、架構以及本草刪補、考證、辨析等多方面信息，值得參閱。參氏撰：《本
　　　　草綱目》，華夏出版社 1998 年，第 223～224 頁。
〔註20〕　亦名《本草圖經》，宋唐慎微《證類本草》中引文極多，尚志鈞先生有輯復本，
　　　　筆者上一章亦有簡約評述，均可參。

桂子降，其繁如雨」中，「月桂子降，其繁如雨」，寺島良安作「桂子降如雨」，
刪除「其繁」，更顯簡當。如卷三十七「畜類・鮓答」條，「似骨非骨，打
破層疊，可以祈雨」〔註21〕之「可以祈雨」四字，良安刪除。《本綱》「嘉靖
庚午年，蘄州候屠殺一黃牛得此物，人無識者。有番僧云：此至寶也，牛、
馬、豬畜皆有之，可以祈雨，西域有蜜呪，則霖雨立至；不知呪者，但以水
浸搬弄，亦能致雨」等大段引文，時珍此文中，敍述蘄州鮓答獲取及祈雨詳
情，僅可廣見聞，於本草無涉，良安的刪減，精當無疑。

　　又如卷八十二「香木類・柏」條中，「側柏葉」之「主治」中，有「治吐、
衄、痢及赤白崩血」之文，《本綱》引《別錄》曰：「吐血衄血，痢血，崩中
赤白。」〔註22〕寺島良安將「吐血衄血，痢血」刪減爲「吐、衄、痢」，語義
仍明白無誤，將「崩中赤白」改爲「赤白崩血」，作爲癥狀描述與概括，亦精
當可信。又如卷八十三「喬木類・梧桐」條，據《本綱》，「子大如胡椒，其
皮皺」〔註23〕之後，寺島良安將「集解」李時珍所引《爾雅翼》之文，全部
刪除，在不影響文義情況下，加以精簡文字。

　　關於文字合併方面，如卷四「時候・上巳」條，在寺島良安考證部分，
先後引《本綱》卷二十九「果部・桃花」、卷十五「草部・艾」兩條有關文字，
以說明上巳日飲食風俗，可參。卷三十「履襪類・草鞋」有「路旁破草鞋，
燒灰酒服爲催生藥」〔註24〕之文，《本綱》「附方・產婦催生」引《胎產方》
曰：「路旁破草鞋一支，洗淨燒灰，酒服二錢。如得左足生男，右足生女，覆
者兒死，側者有驚，自然之理也。」〔註25〕如前所述，《和漢三才圖會》諸多
條目，皆以《本綱》之文置首、其他文獻次之、個人考證殿後的原則編排，
因此「草鞋」條雖引《本綱》爲據，但似以「左足生男，右足生女，覆者兒
死，側者有驚」爲荒誕不經之說，又全部刪除，僅保留主幹文字，刪減妥當。

　　又如卷三十八「獸類・狐」條，「狐，北方最多，今江南亦有之，江東無
之」〔註26〕之文，據《本綱》，寺島良安以「集解」中陶弘景、蘇頌、李時珍

〔註21〕寺島良安：《和漢三才圖會》，第431頁。
〔註22〕參寺島良安：《和漢三才圖會》，第1160頁；劉衡如等點校：《本草綱目》，第
　　　　1286頁。
〔註23〕寺島良安：《和漢三才圖會》，第1179頁。
〔註24〕寺島良安：《和漢三才圖會》，第379頁。
〔註25〕劉衡如等點校：《本草綱目》，第1466頁。
〔註26〕寺島良安：《和漢三才圖會》，第447頁；劉衡如等點校：《本草綱目》，第1884
　　　　頁。

三家之說爲基礎，加以調整、更改而成。除此之外，「狐」條傳文，兼採《本綱》中「釋名」（即時珍引《埤雅》）、「集解」之說，其中「集解」中，寺島良安打亂李時珍文獻排列順序，將陶弘景、蘇恭、蘇頌、宗奭、張鼎〔註27〕及《山海經》、許慎《說文解字》諸家之說，融會貫通，重新編寫，文辭簡約，意義完整，體現了良安對《本綱》的精熟和極強的文字駕馭能力。

三、《和漢三才圖會》引《本草綱目》的屬亂或刪減不當。

關於《和漢三才圖會》中引文屬亂之處，例證如下：卷四十一「禽類・鶴」條，「鶴，壯大於鵠……皆物類相感」〔註28〕約九十餘字，皆源自「集解・時珍曰」及時珍引俞琰及《相鶴經》之文，但寺島良安作了簡單的梳理、歸納與改寫。

其中，「羽族之宗，仙人之驥」等屬於《本綱》「釋名」之文。案，從段落大意來看，「羽族之宗，仙人之驥」之文當如《本綱》所示置首，以明鶴的屬性，隨後則是鶴形態、習性、神異等方面信息，可稱妥當。同卷「鸛」條傳文，全部源自《本綱》「集解」，良安亦將陶弘景、宗奭、李時珍以及《禽經》諸文獻之文，加以梳理、剪裁、重編。

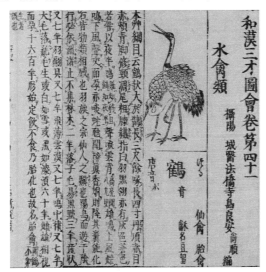

《和漢三才圖會・水禽類・鶴》

《本草綱目・禽之一・鶴》

〔註27〕 張氏補孟詵《食療本草》之不足。
〔註28〕 寺島良安：《和漢三才圖會》，第 464 頁。

　　又如卷四十一「水禽類・鳬」條，傳文中「綠頭者爲上，尾尖者爲次」一句與前後文皆不類，疑有舛誤。其前文曰：「九月以後，立春以前，即食之，益病人。」據《本綱》，此爲「（鳬）肉・氣味」分條目下，時珍引唐孟詵之文爲說。其後文曰：「不可合胡桃、木耳、豆豉同食。」〔註29〕據《本綱》，此亦「（鳬）肉・氣味」分條目下引《日華子》之文，且位於上引唐孟詵之後。據此，其前後文皆爲敘述鳬肉氣味等方面信息，而「綠頭者爲上，尾尖者爲次」則爲敘述鳬的顏色與形狀，以辨析鳬的高下層次的信息，其屬於「集解」中「時珍曰」之文，應當置於「鳬肉」內容之前，則於句義完整無誤，於段落亦流暢可讀。卷四十八「有鱗魚・金魚」條，「肉，甘，鹹，平」爲此條「肉」分條目之文；其後「自宋始有畜者，今則處處人家洋玩之」〔註30〕等文字，則爲「集解」李時珍引文，此兩句，不僅上下文義不恰，且分屬不同分條目，當將「集解」文字置前，方爲妥當〔註31〕。

　　《和漢三才圖會》中《本綱》引文，誤將不同分條目者置於一處，亦屬過失。如卷四十三「林禽・啄木鳥」條，「血，庚日向西用鴉血熱飲……光彩射人。」〔註32〕此屬「啄木鳥・血」條「主治」的內容，但其下「上巳日，取鴉，以丹砂、大青……喜則常人也」之文，則屬於「啄木鳥・腦」分條中「主治」魯至剛《俊靈機要》一書的引文。寺島良安誤將兩分條目內容合一，必屬不當，讀者亦需注意。

　　寺島良安《和漢三才圖會》「刪減不當」之處，典型例證有：卷十二「支體・腹・臍帶」條，《本草綱目・初生臍帶》條文作：「以其當心、腎之中，前直爲神闕，後直命門，故謂之臍。」〔註33〕良安作：「臍爲神闕，其當後處爲命門。」〔註34〕案，據《本綱》之文，「其」即「臍」，臍正前方爲神闕，

〔註29〕 皆見寺島良安：《和漢三才圖會》，第 467 頁；劉衡如等點校：《本草綱目》，第 1702 頁。

〔註30〕 寺島良安：《和漢三才圖會》，第 539 頁；劉衡如等點校：《本草綱目》，第 1627 頁。

〔註31〕 其他又如卷九十六「蔓草類・紫葳」條中，誤將「其花不可近鼻聞，傷腦。花上露入目，令人昏矇」等「花・氣味」中李時珍引文，置入「集解」文字中，語義突兀，多有不當。參寺島良安：《和漢三才圖會》，第 1373 頁；劉衡如等點校：《本草綱目》，第 862 頁。

〔註32〕 寺島良安：《和漢三才圖會》，第 492 頁；劉衡如等點校：《本草綱目》，第 1752 頁。

〔註33〕 劉衡如等點校：《本草綱目》，第 1939 頁。

〔註34〕 寺島良安：《和漢三才圖會》，第 192 頁。

正後方爲命門，良安不僅刪除「臍當心、腎之中」等標示部位的文字，「臍爲神闕」之文將「臍」等同於神闕，一爲人體部位，一爲人體穴位，二者所指仍有區別，合而爲一並不妥當；準確來說，臍之一部分臍眼爲神闕，良安刪改多有不當。

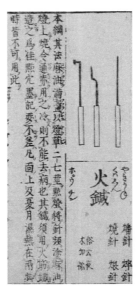

《本草綱目·火鍼》　　　　　《和漢三才圖會·火鍼》

又如卷十五「藝器·火鍼」條，「冷則不能去病也」、「點穴墨記要不差」〔註35〕，《本綱》分作，「不赤或冷，則反損人，且不能治病也」，「點穴墨記要明白，差則無功」〔註36〕。據此，針灸所用之針具，如果燒灼火候不到（「不赤」、「冷」），不僅不能治病，還對人體有損害，良安僅強調「不治病」，而刪減「損人」，極不當；相較《本綱》而言，「點穴墨記要不差」大義無誤，但「明白」、「無功」等則更加嚴謹，良安從精簡文字、簡約語義角度的刪減，雖有可取之處，但遺失諸多重要信息，亦有不當。

又如卷三十八「獸類·獅子」條，「其毛入馬、羊乳中，皆化爲水」，《本綱》原作：「熊太古言：其乳入牛、羊、馬乳中，皆化爲水。」〔註37〕據《本綱》，時珍引熊太古之說爲據，良安將出處皆刪除；「（獅子）乳入牛、羊、馬

〔註35〕 寺島良安：《和漢三才圖會》，第 249 頁。
〔註36〕 劉衡如等點校：《本草綱目》，第 298 頁。
〔註37〕 寺島良安：《和漢三才圖會》，第 437 頁；劉衡如等點校：《本草綱目》，第 1845 頁。

乳中，皆化爲水」，非「其毛」，良安刪減有誤。同卷「象」條，「畜之，長則飾而乘之」〔註 38〕，如不參閱《本綱》之文，讀者一般會將此句理解爲「畜養小象，象長大後，可裝飾並爲坐騎」；但《本綱》文作：「番人皆畜以服重，酋長則飾而乘之。」〔註 39〕據此，本綱強調大象出產區域（「番」邦，東南亞國家）、載物用途（「服重」，運載貨物）、載客用途（僅限於酋長，並可裝飾）。良安之刪減，遺失諸多信息，多有不當。同卷「麢羊」條，「強筋骨」〔註 40〕，《本綱》原作「治筋骨急強」〔註 41〕，良安引文義爲強健筋骨，而《本綱》義爲麢羊（羚羊）肉可治筋骨驟強、緊張、固執之病，兩義完全相反，寺島良安引用且修改有訛誤之處。

又如卷四十一「禽類・鶴」條，良安引文曰：「長三尺餘，喙長四寸。」〔註 42〕而《本綱》原作：「長三尺，高三尺餘，喙長四寸。」〔註 43〕據此，鶴長、高皆三尺左右，良安僅作「長三尺餘」，闕載鶴的高度，似有不當。

又如卷六十一「雜石類・水銀」條有「貯汞」之文，其有言曰：「用葫蘆，或糊厚紙數重貯之，即不走漏。」〔註 44〕「葫蘆」與「糊厚紙數重貯之」不辭，疑有訛誤。據《本綱》，「用葫蘆」源自「修治」所引雷斆《雷公炮炙論》「其硃砂中水銀色微紅，收得後，用葫蘆貯之」之文，這裏主要強調「水銀」炮製注意事項；而「糊厚紙數重貯之」則源自「集解」李時珍所述「邕州溪峒」取水銀之法、用具等，其文曰：「邕州溪峒燒取極易，以百兩爲一銚，銚之製似豬脬，外糊厚紙數重貯之，即不走漏。」〔註 45〕據此，寺島良安參閱時，誤將分屬不同分條目的內容置於一處，屬明顯訛誤。同卷「方解石」條，「光潔如白石英，而但塊塊方稜，故以爲名」〔註 46〕句義不明，據《本綱》，寺島良安將「釋名・志曰」與「集解・時珍曰」等內容混爲一體。其中，「釋名・志曰」其文爲「敲破，塊塊方解，故以爲名」，「集解・時珍曰」則爲「方解石與硬石膏相似，皆光潔如白石英，但以敲之，段段片碎者

〔註 38〕 寺島良安：《和漢三才圖會》，第 439 頁。
〔註 39〕 劉衡如等點校：《本草綱目》，第 1851 頁。
〔註 40〕 寺島良安：《和漢三才圖會》，第 443 頁。
〔註 41〕 劉衡如等點校：《本草綱目》，第 1863 頁。
〔註 42〕 寺島良安：《和漢三才圖會》，第 464 頁。
〔註 43〕 劉衡如等點校：《本草綱目》，第 1693 頁。
〔註 44〕 寺島良安：《和漢三才圖會》，第 655 頁。
〔註 45〕 劉衡如等點校：《本草綱目》，第 371 頁。
〔註 46〕 寺島良安：《和漢三才圖會》，第 658 頁。

爲硬石膏，塊塊方稜者爲方解石」〔註47〕，良安刪減之文，句義不明，多有殘闕，更有訛誤。

四、《和漢三才圖會》引文有訛文、脫文之處。

關於「訛文」方面，例證較多，筆者略作分析。如卷十二「支體・耳之用」條，據《本綱》，「耳塞者，胃氣從脾右畔上入於耳」之「胃」，乃「腎」字形近而訛。另外，胃部在上，脾臟在下，胃氣不應該先下行至脾，然後經過脾臟，又上行至耳；如果腎臟之氣，經過脾臟，上行入耳，則符合常理；從中醫理論來看，更應如此，寺島良安熟悉此原理，僅下筆失誤所致。同卷「月水」條，「有一生不行而爲胎者」之「爲胎」、「謂之盛經」之「盛經」〔註48〕，《本綱》分作「受胎」、「盛胎」〔註49〕，「受」表被動，「受胎」即受孕，良安所改非是；「盛胎」亦名「垢胎」，皆強調「胎」字，良安涉前「暗經」而誤，當以《本綱》爲是。

又如卷十五「藝器・火鍼」，「其鐵須用火筋鐵造之爲佳」，此句兩「鐵」字，句義繁複、含混，據《本綱》，前「鐵」字當爲「鍼」字形近而訛，句義爲：針灸刺法中的鍼（針）具，當用火筋鐵鍛造爲好。卷三十八「獸類・象」條，「象，交趾、雲南及西域諸國」〔註50〕，據《本綱》，良安引文漏掉「象」後「出」字，「交趾」則爲「交、廣」之訛。無「出」字，良安引文缺少謂語，句義有誤；「交、廣」即交州（交趾）、廣州兩地，良安闕載地名一，亦屬訛誤。

又如卷三十七「畜類・豕」條，「豕，高大，有重百餘斤」〔註51〕，《本綱》引蘇頌文曰：「凡豬骨細，筋多高，大有百餘斤。」劉衡如校本改爲：「凡豬骨細，少筋多膏，大者有百餘斤。」〔註52〕結合《本綱》原文及劉校本之文，「豬骨細」，「少筋多膏（高）」，「大有百餘斤」皆爲描述豬的形態、特徵，良安刪爲「高大」（與牛、馬等家畜，虎、象等野獸比，豬算不上高大）語意不明，應是誤解李時珍原文；劉校本修正原文，句義更加明確，當可從之。

〔註47〕　劉衡如等點校：《本草綱目》，第388～389頁。
〔註48〕　寺島良安：《和漢三才圖會》，第194頁。
〔註49〕　劉衡如等點校：《本草綱目》，第1930頁。
〔註50〕　寺島良安：《和漢三才圖會》，第439頁。
〔註51〕　寺島良安：《和漢三才圖會》，第429頁。
〔註52〕　劉衡如等點校：《本草綱目》，第1769頁。

又如卷九十「蓏果類・甜瓜」條中「鬱乚而痛」之「乚」字，不辭，據《本綱》，「乚」當爲「鬱」〔註53〕字。推測其致誤之由，「鬱鬱」爲重言詞，一般而言，第二個「鬱」字當用重文符號「々」或「＝」標示，估計寺島良安未注意重文符號，而將「々」或「＝」等符號，當成「乚」字，誤植入文內，存疑待考。

又如卷三十八「獸類・豪豬」條「其狀似筓及帽刺」，「帽刺」爲「猬刺」〔註54〕之訛；卷四十「寓類・猩猩」條，「其肉食之，辟穀不饑」之「辟穀」爲「不昧」〔註55〕之訛；卷五十九「金類・鉛」條，「以串貫盆中，離醋二寸」之「二寸」，當爲「三寸」〔註56〕之訛；卷八十二「香木類・辛夷」條，「頭爲之頎」之「頎」字，當爲「傾」〔註57〕字形近而誤；卷八十四「灌木類・石南」條，「（葉）能添腎氣」之「添」，當作「養」〔註58〕，「添」、「養」字義不同，無法替代，當爲良安訛誤；卷八十八「夷果類・龍眼肉」條，「大如雀卵」，當爲「大如彈丸」〔註59〕之訛；卷九十三「濕草類・藁本」條，「顛項痛」之「項」，當如《本綱》所示作「頂」〔註60〕，於義爲是。

關於「脫文」方面，如卷一「天部・月桂」條，「治小兒月蝕瘡」，「小兒」後當有「耳後」二字，以明確發病部位。「宋仁宗帝天聖卯年八月」，「卯」當爲「丁卯」之闕。又如卷十二「支體・月水」條，「女子，以血爲主」〔註61〕

〔註53〕 寺島良安：《和漢三才圖會》，第 1251 頁；劉衡如等點校：《本草綱目》，第 1262 頁。

〔註54〕 寺島良安：《和漢三才圖會》，第 442 頁；劉衡如等點校：《本草綱目》，第 1858 頁。

〔註55〕 案，「不饑」與「辟穀」義近，而「不昧」、「不饑」表示不睡眠（或無睏意）、不饑餓兩義，寺島良安有明顯訛誤。參寺島良安：《和漢三才圖會》，第 459 頁；劉衡如等點校：《本草綱目》，第 1909 頁。

〔註56〕 寺島良安：《和漢三才圖會》，第 645 頁；劉衡如等點校：《本草綱目》，第 335 頁。

〔註57〕 寺島良安：《和漢三才圖會》，第 1166 頁；劉衡如等點校：《本草綱目》，第 1301 頁。

〔註58〕 寺島良安：《和漢三才圖會》，第 1200 頁；劉衡如等點校：《本草綱目》，第 1420 頁。

〔註59〕 寺島良安：《和漢三才圖會》，第 1241 頁；劉衡如等點校：《本草綱目》，第 1221 頁。

〔註60〕 寺島良安：《和漢三才圖會》，第 1293 頁；劉衡如等點校：《本草綱目》，第 586 頁。

〔註61〕 寺島良安：《和漢三才圖會》，第 194 頁。

一句，意思含混不完整，《本綱》原作：「女子，陰類也，以血爲主。」〔註62〕，良安刪除「陰類也」三字，導致句義不清，當據補。又如卷三十七「畜類・豕」條，「在卦屬坎，應室星」，「應」前脫「在禽」二字，當據補。又如卷六十「玉石類・珊瑚」條，其有言曰：「亦有無空者、枝柯多者更難得，亦有黑色者。」〔註63〕據《本綱》，「亦有無空者、枝柯多者更難得」一句，源自「集解」蘇頌說，而「亦有黑色者」則源自「集解」李時珍說；另外，「黑色者」後面有「不佳，碧色者亦良」〔註64〕之闕文，當據以補足。

　　另外，卷三十八「獸類・野馬」條「甘州、肅州」前脫「西夏」〔註65〕二字；同卷「兔」條「（兔血）解胎毒」，「胎毒」當作「胎中熱毒」〔註66〕；卷四十三「林禽類・斑鳩」條「補氣，令人不噎」之「補氣」後，當有「食之」〔註67〕二字；卷四十八「有鱗魚・鱶魚」條，「長僅寸」，當作「長僅數寸」〔註68〕；卷五十二「卵生蟲・五倍子」條，據《本綱》，「造爲百藥煎」前闕主語「皮工」〔註69〕，當據補；卷九十四本「濕草類・益母草」條，「治厥陰經血分」當有訛誤，據《本綱》，當作「治手、足厥陰經血分」〔註70〕，明確具體部位。以上諸例，如補上闕文，則句義完整無誤，可茲參考。

五、《和漢三才圖會》引文有衍文倒文及異文（或異名）之處。

　　《和漢三才圖會》中衍文較多，寺島良安似爲句義順暢而添加。如卷三十八「獸類・犀」條「狀似水牛」衍「狀」字；卷四十一「禽類・鶴」條，

〔註62〕　劉衡如等點校：《本草綱目》，第 1930 頁。

〔註63〕　寺島良安：《和漢三才圖會》，第 651 頁。

〔註64〕　劉衡如等點校：《本草綱目》，第 356 頁。

〔註65〕　寺島良安：《和漢三才圖會》，第 441 頁；劉衡如等點校：《本草綱目》，第 1857頁。

〔註66〕　「胎毒」有諸多種類，不可與「胎中熱毒」劃等號。寺島良安：《和漢三才圖會》，第 450 頁；劉衡如等點校：《本草綱目》，第 1889 頁。

〔註67〕　參寺島良安：《和漢三才圖會》，第 485 頁；劉衡如等點校：《本草綱目》，第1748 頁。

〔註68〕　案，「僅寸」即一寸左右，「僅數寸」即僅長數寸，一寸與數寸意義完全不同，寺島良安刪減有誤。參寺島良安：《和漢三才圖會》，第 537 頁；劉衡如等點校：《本草綱目》，第 1626 頁。

〔註69〕　寺島良安：《和漢三才圖會》，第 574 頁；劉衡如等點校：《本草綱目》，第 1494頁。

〔註70〕　寺島良安：《和漢三才圖會》，第 1312 頁；劉衡如等點校：《本草綱目》，第 658頁。

「狀大於鵲」亦衍「狀」字；卷四十三「林禽類‧鵲」條，「乃鳥屬也」衍「乃」字；卷四十三「林禽‧啄木鳥」條，「庚日向西，用鴷血熱飲」句中，「鴷」即啄木鳥異名，「用鴷血」三字皆屬衍文，當刪除。又如卷八十七「山果類‧柚」條，據《本綱》，「凡柚狀如卣，故名。壺」之文，源自「釋名」時珍說，其中「壺」字當據柚之異名「壺柑」而述，其後還有「亦象形」三字。寺島良安引此文時，「凡柚狀如卣，故名」句義完整，內容自洽，可以刪除「壺」等引文。因此，我們這裏將其歸入「衍文」行列，或者屬於刪削未盡的情況。另外，還有卷一百「蓏菜類‧壺盧」條，「皆以正、二月下種」衍「正」字〔註71〕。例多不據引。

　　倒文例證亦多。如卷三十八「獸類‧犛牛」條，「野牛也，距深山中」當為「（出西南徼外，）居深山中野牛也」〔註72〕之倒。又如卷八十二「香木類‧辛夷」條，「苞‧主治」分條目有「治頭風腦痛，一切鼻病」之載，其中「頭風」《本綱》作「風頭」。從《和漢三才圖會》與《本綱》文字與語義來看，「頭風」、「腦痛」「面黚」等三詞組，皆為主謂結構，語義亦有可比性，相反「風頭」則較難理解，另外，《本綱》中「頭風腦痛」之載還有兩處〔註73〕。據此，「頭風」雖為倒文，但於義為正，筆者懷疑《本綱》似有訛誤，存疑待考。

　　異文或異名之處，例證亦多。如卷十二「支體‧胎衣」條，寺島良安引文曰：「時珍曰：胎衣，包人如衣。」〔註74〕而《本綱》本文作：「人胞，包人如衣。」〔註75〕「胎衣」，李時珍作「人胞」。又，《本綱》此條名「人胞」〔註76〕，「釋名」部分列舉異名有胞衣、胎衣、紫河車、混沌衣、混元母、佛袈裟、仙人衣等。良安認為「胎衣」比「人胞」更恰當，將「胎衣」列於此卷「腹」條之下，其他異名如胞衣、紫河車、混沌衣、混衣母等皆列「胎衣」分條目下，不過，「混衣母」，當為「混元母」，疑涉「混沌衣」、「混元母」異名而誤，待考。

〔註71〕 寺島良安：《和漢三才圖會》，第 1417 頁；劉衡如等點校：《本草綱目》，第 1136 頁。

〔註72〕 寺島良安：《和漢三才圖會》，第 441 頁；劉衡如等點校：《本草綱目》，第 1856 頁。

〔註73〕 《本綱》卷十一「金石‧玄精石」條之「附方」，卷十八下「草‧白稜藤」條之「附方」。

〔註74〕 寺島良安：《和漢三才圖會》，第 192 頁。

〔註75〕 劉衡如等點校：《本草綱目》，第 1937 頁。

〔註76〕 源自陳藏器《本草拾遺》。

又如卷三十八「獸類・野馬」條，「今甘州、肅州及遼東山中亦有之」〔註77〕，「甘州、肅州」，《本綱》合併稱爲「甘肅」〔註78〕，二者皆爲地名，是否指稱同一地名，仍需探索和研究。又如卷四十二「原禽・雀」條有言曰：「九月，雀入大水爲蛤。」〔註79〕其中，「九月」，《本綱》作「季秋」，文異而義同。與「雀」類似者，還有卷四十三「林禽・鵲」條，良安將「季冬」更改爲「十二月」；卷四十三「林禽・啄木鳥」，「三月三日」更改爲「上巳日」〔註80〕；卷四十六「介甲部・水龜」條，「龜頭、方腳、短殼、圓版白者，雄也；頭尖、腳長、版黃者，雌也」之句，「雌」、「雄」二字，《本綱》分作「陰」、「陽」；卷六十一「雜石類・水銀」條，「出於辰砂」、「此物積變，又還成辰砂」等句中之「辰砂」，《本綱》皆作「丹砂」〔註81〕，丹砂、硃砂、辰砂一物數名，於義皆當。

最後，即便存在上述各類問題，《和漢三才圖會》仍是日本漢學、日本醫學的重要作品。仔細研讀此書，可以爲劉衡如、劉山永先生點校本《本草綱目》提供新的線索，在本節最後，我們也略作引述。

如卷十二「支體・胎衣」條，良安引文作：「凡胞衣宜藏于天德、月德吉方。」〔註82〕，「天德」、「月德」對舉，且《本綱》「發明」部分，時珍引崔行功《小兒方》亦作此。不過，劉衡如先生則將「月德」改爲「月空」，其校勘記曰：「月空：原作『月德』，今據《外臺》卷三十五、《聖惠方》卷七十六、《聖濟總錄》卷一五八及《普濟方》卷三四四改。」〔註83〕除劉先生所列諸書外，作「月空」者，還有宋劉昉《幼幼新書》、宋周守中《養生類纂》、宋朱端章《衛生家寶產科備要》、明王肯堂《證治準繩》〔註84〕等作品；作「月德」者，亦有清吳儀洛《本草從新》〔註85〕等，而「天德月德」、「天德月德、

〔註77〕　寺島良安：《和漢三才圖會》，第 441 頁。
〔註78〕　劉衡如等點校：《本草綱目》，第 1857 頁。
〔註79〕　寺島良安：《和漢三才圖會》，第 481 頁。
〔註80〕　寺島良安：《和漢三才圖會》，第 492 頁。
〔註81〕　寺島良安：《和漢三才圖會》，第 655 頁；劉衡如等點校：《本草綱目》，第 371、366 頁。
〔註82〕　寺島良安：《和漢三才圖會》，第 192 頁。
〔註83〕　劉衡如等點校：《本草綱目》，第 1937 頁。
〔註84〕　分見宋劉昉《幼幼新書》卷四形初保育「藏衣法第二十」（明萬曆陳履端刻本）、宋周守中《養生類纂》卷八「藏衣天德月空法」（明成化刻本）、宋朱端章《衛生家寶產科備要》卷八「藏衣法」（清十萬卷樓叢書本）。
〔註85〕　卷十八《人部・人胞》，清刻本。

月空月合」、「天德月德日合」等表述者，古文獻中記載極多〔註86〕。因此，李時珍《本綱》作「天德地德」，未必屬於訛誤，或源於時珍所參崔行功《小兒方》作此，或源於時珍個人用詞習慣，在無法參閱崔行功《小兒方》原書、原刻的情況下，不可貿然改動《本綱》原文，愚意以爲在校勘記中詳細說明即可。又，時珍引文中，「令男長壽」，劉先生將「男」改爲「兒」，但校勘記中未列出依據；經筆者查核，宋劉昉《幼幼新書》、宋周守中《養生類纂》、宋朱端章《衛生家寶產科備要》等書中皆作「兒」，整體來看，亦以保留《本綱》原樣爲好。

又如卷十五「藝器・紙」條，「東漢和帝時，桂陽蔡倫始採樹皮……造紙。」〔註87〕其中「桂陽」二字，《本綱》原文亦同此。不過，劉衡如先生將之更改爲「耒陽」，其修改依據爲「《後漢書》李賢注引《湘州記》」之文，如《後漢書》「蔡倫，字敬仲，桂陽人也」所示，明確表示倫爲桂陽人，劉先生僅有「倫或籍隸桂陽，而移家於耒陽」之疑，遽改「桂陽」爲「耒陽」，極其不當。另外，《後漢書》記載爲「桂陽」，劉先生亦曰「籍隸桂陽」，則「桂陽」確當無疑，「耒陽」則證據不足，仍以保留《本綱》原文（校勘記注明）爲是。

又如卷三十七「畜類・豕」條，「甚易畜養之，甚易生息」，《本綱》同此，劉校本據唐愼微《證類本草》等文獻，將前一「甚易」，更改爲「故人」，於義雖當，但遽改原文，仍欠穩當。同卷「驢」條，「磔耳修尾」之「磔」字，日本國會圖書館藏金陵本〔註88〕亦作此，劉衡如校勘記提到：「磔，金陵本殘損，江西等本作『磔』，張本作『磔』。」并據《藝文類聚》中袁淑《俳諧驢山公九錫》「修尾後垂，巨耳雙磔」更改，劉氏校勘過於迂闊。

其他例證還有：卷三十八「獸類・熊」條「其行山中，雖數千里」，「千里」，劉衡如先生據《爾雅翼》，更爲「十里」，「出穴」更爲「出血」〔註89〕；卷九十四末「濕草類・蓼」條，「婦人月事來時食蓼，變爲淋」之「變」字，

〔註86〕 參唐韓鄂《四時纂要》（卷一、朝鮮刻本）、宋李師聖《產育寶慶集》（卷下「千金丸」，清光緒當歸草堂醫學叢書初編本）、宋王執中《針灸資生經》（卷二「避人神等」，清文淵閣四庫全書本）等。

〔註87〕 寺島良安：《和漢三才圖會》，第252頁。

〔註88〕 案，與劉衡如先生點校多據上海圖書館、中國中醫研究院所藏金陵本，略有差異。

〔註89〕 寺島良安：《和漢三才圖會》，第442頁；劉衡如等點校：《本草綱目》，第1859頁。

劉衡如校點本訛爲「喜」字〔註90〕，於義不當；卷九十七「水草類・馬勃」條，「紫色，虛軟，狀如狗肝」之「肝」字，劉先生雖提到「原作『肝』」，但仍據《證類本草》等書改爲「肺」字〔註91〕，略顯決絕。以上劉先生所正，皆似未當，保留原文、校勘記中說明當爲合適做法。

關於劉氏父子校點、更改精當者，亦多有例證。如卷三十七「畜類・馬」條，有「掛鼠、狼皮於槽亦不食，遇海馬骨則不行」〔註92〕（句義爲：馬槽邊上掛老鼠及狼皮，則馬不吃草；馬遇到海馬骨，則不行走）之文，據劉衡如校本「海馬」金陵本等原作「侮馬」，不辭，劉先生據清順治十二年太和堂吳氏刻本改爲「海馬」，其後清代諸本皆作此。《和漢三才圖會》引文亦作「海馬」，筆者懷疑寺島良安所參《本綱》，既非「金陵本」甲本、乙本等首刻本，亦非萬曆年間江西刻本、湖北刻本、梅墅煙籮閣本及崇禎年間六有堂刊本〔註93〕，而應是順治十二年吳氏刻本〔註94〕，或者重要和刻本〔註95〕。存疑待考。

又，卷三十八「獸類・象」條「左右前腳」，金陵本作「前卻」；同卷「麝」條「自以爪剔出」「自」字，金陵本作「曰」……據此，寺島良安所據《本綱》當非金陵原刻本，亦可初步斷定。

第三節　《和漢三才圖會》引《三才圖會》考

寺島良安參閱王圻父子《三才圖會》而成《和漢三才圖會》，前文多有描述。除此之外，《和漢三才圖會》中還有「《三才圖會》」、「《三才圖會》云」、「《三才圖會》曰」等標示的引文，本節加以敘述。

〔註90〕　寺島良安：《和漢三才圖會》，第 1336 頁；劉衡如等點校：《本草綱目》，第 751 頁。

〔註91〕　寺島良安：《和漢三才圖會》，第 1400 頁；劉衡如等點校：《本草綱目》，第 956 頁。

〔註92〕　寺島良安：《和漢三才圖會》，第 434 頁。

〔註93〕　關於《本綱》版本情況，可參李載榮《〈本草綱目〉版本流傳情況研究》（北京中醫藥大學博士論文，錢超塵教授指導，2004 年）、劉衡如《新校注說明》（《本草綱目》卷首，第 2～3 頁）。

〔註94〕　關於吳氏刻本情況，可參邢澤田《吳氏太和堂版〈本草綱目〉印刷情況》，《全國李時珍王清任學術思想研討會論文集》，2002 年。

〔註95〕　參周敏：《〈本草綱目〉在日本江戶時期的傳承及影響研究》，中國中醫研究院碩士論文，肖永芝研究員指導，2009 年。

　　據筆者統計，《和漢三才圖會》一書中，直接引用《三才圖會》者有三百餘處，分佈於全書大部分卷次。其中，卷十三「異國人物」、卷十四「外夷人物」兩卷，引《三才圖會》者有一六六處（詳參下表）。江戶時期，與日本有直接往來的國家中，除中國、朝鮮、蝦夷外，僅琉球、爪哇等東南亞國家，及阿蘭陀等極少數以海運商貿為主的西方國家，因此寺島良安所記異國、異族情況，多據《三才圖會》、《海東諸國記》等文獻重新編纂而成。

《和漢三才圖會》卷十三、卷十四引用《三才圖會》統計表

序號	頁碼	三才圖會	引用次數	序號	頁碼	三才圖會	引用次數	序號	頁碼	三才圖會	引用次數
1	205	三才圖會	1	13	224	三才圖會	6	25	236	三才圖會	8
2	211	三才圖會	1	14	225	三才圖會	6	26	237	三才圖會	8
3	214	三才圖會	1	15	226	三才圖會	6	27	238	三才圖會	8
4	215	三才圖會	1	16	227	三才圖會	6	28	239	三才圖會	8
5	216	三才圖會	1	17	228	三才圖會	8	29	240	三才圖會	7
6	217	三才圖會	2	18	229	三才圖會	6	30	241	三才圖會	6
7	218	三才圖會	1	19	230	三才圖會	1	31	242	三才圖會	6
8	219	三才圖會	2	20	231	三才圖會	6	32	243	三才圖會	6
9	220	三才圖會	1	21	232	三才圖會	6	33	244	三才圖會	8
10	221	三才圖會	5	22	233	三才圖會	5	34	245	三才圖會	3
11	222	三才圖會	3	23	234	三才圖會	7	35	246	三才圖會	6
12	223	三才圖會	2	24	235	三才圖會	8	合計			166

一、寺島良安引述《三才圖會》，未作刪改，或刪改極少，以存其實。

寺島良安有關條目，全文選自王氏父子《三才圖會》者較多。如卷十四「外夷人物・三佛齊」〔註96〕條，除圖版稍異外，傳文部分全採自《三才圖會・人物》卷十二「三佛齊國」條。又如同卷「爪哇」條，良安僅於「在東南」（即中國東南）〔註97〕之後，添加「日本南西」〔註98〕等小字注文，以更加明確爪哇方位。又如卷十八「樂器・銅鼓」、卷三十一「庖廚具・火爐」〔註99〕、卷三十二「家飾具・行燈」〔註100〕、卷九十五「毒草類・萬年青」〔註101〕傳文，亦全部選自《三才圖會》相應條目。

如卷十四「外夷人物・賓童龍」條，除圖版人物形象、衣著、髮飾、動作及背景稍有差異外，良安將《三才圖會》所引「佛書」等與正文語義較遠的文字刪減外，其他文字完全全同。同卷「真臘」條，與「賓童龍」條處理方法相同，亦刪減段末「北抵占城，旁有西棚等國。國中望天一隅，有少痕。古云：女媧氏之所不至也」數句，這些內容當國方位、民風等距離較遠，或涉荒誕，良安將之刪除，不影響傳文完整性。

《三才圖會・賓童龍國》

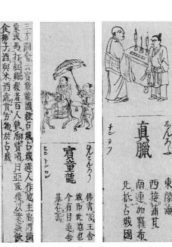

《和漢三才圖會》賓童龍、真臘

〔註96〕 寺島良安將「三佛齊」誤為「三佛齋」，當須修正。見氏撰：《和漢三才圖會》，第 223 頁。
〔註97〕 王圻：《三才圖會》，第 823 頁。
〔註98〕 寺島良安：《和漢三才圖會》，第 221 頁。
〔註99〕 寺島良安：《和漢三才圖會》，第 391 頁；王圻：《三才圖會》，第 1342 頁。
〔註100〕《三才圖會》條目名曰「影燈燭臺書燈」。參王圻：《三才圖會》，第 1345 頁。
〔註101〕 寺島良安：《和漢三才圖會》，第 1358 頁；王圻：《三才圖會》，第 2557 頁。

　　又如卷七「人倫‧牧童」條，良安引用《人事》卷十「牧笛圖」時，除首句略有調整〔註102〕、語義未變之外，全文照錄，未作調整、刪改。即便是略有調整、於義無礙之處，也是因為寺島良安將此條目改為「牧童」（強調人的身份），並置於「人倫」卷，而作合理微調。又如卷十三「異國人物‧交趾」條，其傳文幾乎全部引自《三才圖會‧人物》卷十二之「交趾國」條，傳文末尾曰：「至今不絕中華朝貢。」〔註103〕《三才圖會》本文不載，筆者推測：寺島良安似根據《三才圖會‧地理》卷十三「南夷‧安南國」〔註104〕有關文字，改編而成此句，存疑待考。其他還有卷二十三「刑罰具‧鉗」（《三才圖會》名「枷」）〔註105〕、卷二十四「百工具‧油醡」（《三才圖會》名「油榨」）〔註106〕、卷四十八「有鱗魚‧彈塗魚」〔註107〕、卷五十一「無鱗魚‧鯨」〔註108〕等條目。

《和漢三才圖會‧彈塗魚》　　　　　　　　《三才圖會‧彈塗》

〔註102〕《三才圖會》原作：「牧笛，牧牛者所吹。」（第1791頁）良安改之為：「牧牛者所笛謂牧笛。」（第111頁）
〔註103〕寺島良安：《和漢三才圖會》，第216頁。
〔註104〕王圻：《三才圖會》，第413頁。
〔註105〕寺島良安：《和漢三才圖會》，第330頁；王圻：《三才圖會》，第1347頁。
〔註106〕寺島良安：《和漢三才圖會》，第342頁；王圻：《三才圖會》，第1346頁。
〔註107〕寺島良安：《和漢三才圖會》，第539頁；王圻：《三才圖會》，第2261頁。
〔註108〕案，據《三才圖會》，寺島良安將王氏父子「崔豹《古今注》云」、「《異物志》曰」等標示文獻出處者刪除，雖然刪文闕失文獻淵源等信息，但此種處理方法符合《和漢三才圖會》的編纂體例，特將此條列於「刪改極少，不影響語義」條內。詳見寺島良安：《和漢三才圖會》，第555頁；王圻：《三才圖會》，第2252頁。

二、《三才圖會》引文部分，寺島良安將引文順序略作調整，有的還刪除圖表。

如卷五「曆占・十二支」條，良安將《三才圖會・人物》卷十「六丁六甲直日神將圖」列入，以備參考。良安引文順序與《三才圖會》不同：《三才圖會》如條目所示，按照「六丁」、「六甲」順序，編排插圖，並將「神將」信息置首或側面；相較於《三才圖會》丁、甲內神將的排列無序，寺島良安則按照先甲後丁、十二地支之序排列，且將「神將」二字全部刪除。良安引文雖有訛誤〔註109〕，但其重新調整引文順序，則似比王氏父子更加妥當（見下表所示）。

兩部《三才圖會》「十二神將」順序表

書　名	十二神將順序											
《三才圖會》	丁未	丁酉	丁卯	丁巳	丁亥	丁丑	甲子	甲戌	甲申	甲午	甲辰	甲寅
《和漢三才圖會》	甲子	丁丑	甲寅	丁卯	甲辰	丁巳	甲午	丁未	甲申	丁酉	甲戌	丁亥

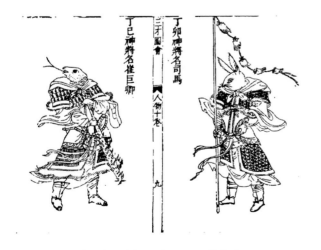

《三才圖會》丁卯、丁巳神將圖

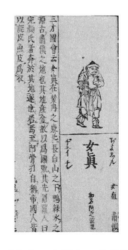

《和漢三才圖會・女眞》

又如卷十三「異國人物・女眞國」條，傳文全引自《三才圖會・人物》十二「女眞國」條，但良安將「其地產金，故以爲國號」，置於「其先新羅人

<hr />

〔註109〕 寺島良安將「甲戌」誤爲「甲戊」，爲形近而訛。參氏傳：《和漢三才圖會》，第62頁。

曰完顏氏者，奔於其地，遂世居焉」〔註110〕之前，相較而言，良安調整後的文字，於義爲當。

三、對《三才圖會》引文作較大幅度的增刪與校正，圖版內容亦作調整，以求文義妥當、圖文互應。

如卷四「時候・鶴神方位之圖」，相較《三才圖會》而言，《和漢三才圖會》「癸巳至戊申」前，寺島良安增加「蓋自」二字，以表推測義。而「上在天……此間十六日，無鶴神可忌方位」之文，《三才圖會》原作「在天十六日」，不過，良安所繪圖表中有「癸巳至戊申，十六日在天」一句，又與《三才圖會》傳文相似。除此之外，更重要的是：寺島良安對《三才圖會》圖文做了大幅度的校正。良安注意到《三才圖會》「鶴神方位圖」右下角「乾」位（西北）「壬午至壬辰」之說，於理不合，添加校勘記曰：「本書所載『人物爲至壬辰』，恐是傳寫誤矣，當改『丁亥』。」〔註111〕不僅傳文有校勘，《和漢三才圖會》「鶴神方位之圖」左上「乾」位，亦作了相應調整。

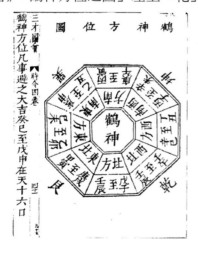

《三才圖會・鶴神方位圖》　　　　　　《和漢三才圖會・鶴神方位之圖》

如卷十三「異國人物・朝鮮」條，據《三才圖會・人物》卷十二，「衙門、官制、衣服悉隨中國」後，還有「各朝制度。俗尚儒、仁、柔，惡殺刑，無

〔註110〕以上引文分見：寺島良安：《和漢三才圖會》，第 215 頁；王圻：《三才圖會》，第 817 頁。

〔註111〕案以上引文分見：寺島良安：《和漢三才圖會》，第 45 頁；王圻：《三才圖會》，第 983 頁。

殘酷」〔註112〕。據《三才圖會》之文，其義爲：朝鮮衙門、官制、衣服等方面，皆隨中國朝代更改而演變，而尚儒、仁、柔之風，充分體現朝鮮人的民風特徵、民族個性。良安引文時刪除，句義不完整，還遺漏民風、民俗方面重要信息。另外，良安名此條曰「朝鮮」，王氏父子名曰「高麗」，具體到十六至十八世紀歷史，「高麗」爲古稱，當以良安「朝鮮」之目爲是。

　　又如卷十五「藝器・硯滴」條，據《三才圖會・器物》卷十二條目，「背爲圓穴」前，還有「硯席中奇玩也，作龜負蛇而有行勢」〔註113〕等引述《宣和博古圖》〔註114〕之文。同時，良安還將《三才圖會》本條末尾按語「龜蛇，北方獸，主水，用以飾此，蓋取其類耳」，一併刪除。相較而言，王氏父子直接引用《宣和博古圖》之文，未做明顯刪改；而良安則據《三才圖會》，刪減與「硯滴」功用無關之文，以清眉目，孰高孰低，立馬可斷。另外，良安轉引時，將《三才圖會》及《宣和博古圖》「圜空」，改爲更加通俗易懂的「圓穴」，亦較妥當。

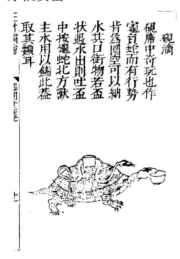

《三才圖會・硯滴》

《和漢三才圖會・硯滴》

　　卷十七「嬉戲部・蹴鞠」條有言曰：「《博物志》及劉向《別錄》曰：鞠，黃帝所作也。」〔註115〕《和漢三才圖會》此文，由《三才圖會》傳文首句「劉向

〔註112〕寺島良安：《和漢三才圖會》，第 205 頁；王圻：《三才圖會》，第 817 頁。
〔註113〕王圻：《三才圖會》，第 1328 頁。
〔註114〕宋王黼等撰：《宣和博古圖・漢龜蛇硯滴二》，卷二十七。
〔註115〕寺島良安：《和漢三才圖會》，第 287 頁。

《別錄》曰：蹴鞠者，傳言黃帝造」、末句「《博物志》曰：黃帝所作也」〔註116〕
化裁、整合而來。據此，寺島良安不是被動接受、直接轉引《三才圖會》之
文，而是經過認眞消化、分析與編輯、改寫而來，這是值得注意的地方。

　　據《三才圖會》，卷十九「神祭器・拂子」條文字增刪亦多。其中，寺島
良安將「儀制」卷四同條中如下文字：「《晉東宮舊事》曰：太子有白眊拂二。
宋宮中，導從有執紅絲拂二人，而不言其制。元以紅氂牛尾爲之，金塗木柄。」
〔註117〕全部刪除。《和漢三才圖會》中「今制以紅絲拂爲心……柄末垂紫絲，
結紛錔」〔註118〕亦全部源自《三才圖會》，其中「今制」之「今」字，即王圻
父子所生活的明朝，良安未做修改。另外，《和漢三才圖會》末句「今講僧執
塵尾、拂子，蓋象彼所指塵故耳」，未載《三才圖會》，爲良安自增，文獻來
源待考。

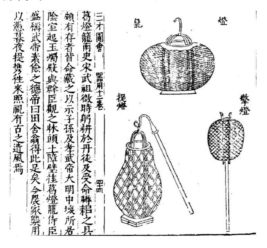

《三才圖會》「提燈」諸條

《和漢三才圖會・提燈》

　　又如卷三十二「家飾具・提燈」條，相較《三才圖會》原文而言，寺島
良安將王氏父子《南史》引文〔註119〕（大約八十字）全刪除，僅將末尾「今
農家襲用以憑，暮夜提攜，往來照視」〔註120〕等表示提燈功用之句保留。據
此，良安編纂《和漢三才圖會》時，體例明確，緊扣卷目，刪除枝蔓，以清

〔註116〕王圻：《三才圖會》，第1795頁。
〔註117〕王圻：《三才圖會》，第1890頁。
〔註118〕寺島良安：《和漢三才圖會》，第307頁。
〔註119〕王圻：《三才圖會》，第1345頁。
〔註120〕寺島良安：《和漢三才圖會》，第403頁。

眉目；另外，圖版部分，良安將中日提燈形制，略作比較，亦見《和漢三才圖會》視野開闊、注重比較的特色。相較王氏父子《三才圖會》引文枝蔓過多、圖版較爲混雜等，均有明顯改進，這是值得重視的地方。卷三十八「獸部・獮豸」、卷四十四「山禽・鵑」、卷九十四末「濕草類・秋海棠」〔註121〕等條目，與上述「提燈」條相同，良安亦刪除《三才圖會》所引《御史臺故事》〔註122〕等文，此不再據引。

四、《和漢三才圖會》引《三才圖會》之文中，有諸條合併一條、條目名稱亦作調整者。

如卷十三「異國人物・琉球」條，據《三才圖會》三條目合併而成。傳文起首一句曰：「有大琉球、小琉球之異，各出名玉、異果。」據《三才圖會》，此句源自「人物」卷十三「大琉球國」、「小琉球國」兩條，「各出名玉、異果」採自「小琉球國」，但良安誤將「名香」訛爲「名玉」，當據以修改。《和漢三才圖會》中「其國在福建泉州東，其國本無文字，不知晦朔……其二王俱爲所併。」部分文字較爲複雜，其起首與結尾皆源自《三才圖會・地理》卷十三之「琉球國」條，但「其國本無文字……以白羅紋爲帽，維毛爲衣」〔註123〕等文字，《三才圖會》無載，是否節選自朝鮮人申叔舟的《海東諸國記》，尚不得而知〔註124〕，但全部置於「《三才圖會》云」之下，又顯不妥當。

另外，卷二十九「冠帽類・冠」條亦有特色。寺島良安在《三才圖會・衣服》卷一紛繁複雜、古今皆備各類冠中，選取委貌、介幘冠、緇撮、麻冕爲「冠」之代表，將以上四條目合併，節選傳文，重刻圖版，以成一條。尤其難能可貴的是：良安還列日本冠帽四式，以與中華冠冕對比，據此，江戶時代日本高官顯貴冠冕式樣、結構皆明確無疑，值得重視。

〔註121〕寺島良安：《和漢三才圖會》，第 1342 頁；王圻：《三才圖會》，第 2556 頁。

〔註122〕寺島良安：《和漢三才圖會》，第 437 頁；王圻：《三才圖會》，第 2202 頁。

〔註123〕以上引文分見：寺島良安：《和漢三才圖會》，第 211 頁；王圻：《三才圖會》，第 936、329 頁。

〔註124〕此條「今則夷風變，冠裳、被服、禮儀皆中華風也……從中國往琉球，海道甚險，而封琉球之役，無不受封套之難者」等引文，亦非《三才圖會》之文，存疑待考。

大琉球國當建安東水行五百里玉多山峒
有小王名為部隊而不相救援入　國朝進
貢不時王子及陪臣之子皆入太學讀書

三才圖會　人物十三卷　四

小琉球國國近東南有王子管轄地產玻
瓈名香異質

《三才圖會》「大琉球」、「小琉球」條

琉球國在福建泉州東漢魏以來不通朝貢　國朝首先
歸附率子弟來朝　太祖嘉其忠順賜印章服及閩人
之善操舟者三十六姓又許其遣子及陪臣之子來學於
國學分其國為三曰中山王曰山南王曰山北王自後惟
中山王朝貢不絕其二王俱為所併厭貢方物率市諸他
國本國無所有

《三才圖會·地理·琉球國》

《和漢三才圖會·琉球》

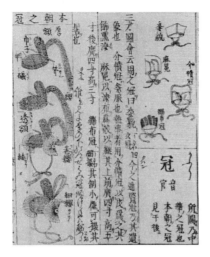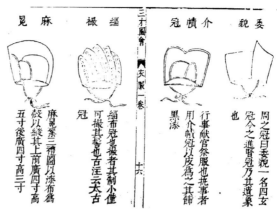

《和漢三才圖會‧冠》　　　　　《三才圖會》委貌、介幘冠、緇撮、麻冕

又如同卷「韃靼」，寺島良安據《三才圖會‧地理》卷十三「北夷‧韃靼」與《人物》卷十二「匈奴」兩條合併而成。「及宋復盛……而天命歸大明」源自《三才圖會》「地理」卷，不過，寺島良安將「我國朝」改爲「大明」，前者爲明清時人稱呼當朝的習慣用法，作爲域外人士的寺島良安，「大明」之稱亦顯其尊崇之意、正朔觀念〔註125〕。「蓋韃靼其種本有五……忽必列僭居中國稱帝」，源自《人物》卷十二。相較於王氏父子分居於地理、人物兩部，寺島良安的合併當有合理之處。

又如卷十四「外夷人物‧暹羅」條，其「暹羅，在占城極南海中……元至正間合一國」，皆源自《三才圖會‧地理》卷十三「西南夷‧暹羅」；而「海濱風俗……偶取攪茶，隨而消焉」〔註126〕等內容，良安皆抄襲自《三才圖會‧人物》卷十二「暹羅國」條。但良安將「濱海」改爲「海濱」，於義略有不當，當仍從《三才圖會》作「濱海」。

〔註125〕案，寺島良安《和漢三才圖會》中關於明朝皆稱呼「大明」、「太明」，而其生活年代約相當於中國的康熙時期，其稱之爲「康熙」、「清」，抑清揚明的基本立場，可見江戶時代日本國及日本人，關於中國正朔或朝代更替的基本判斷。此方面價值巨大，可單獨作文論述之。

〔註126〕皆參寺島良安：《和漢三才圖會》，第 218～219 頁；王圻：《三才圖會》，第818、420 頁。

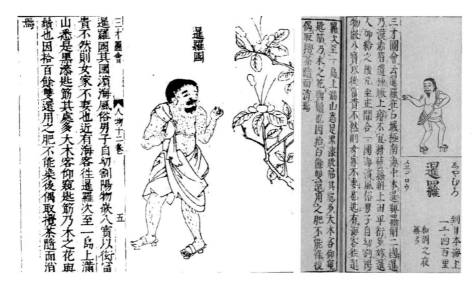

兩部《三才圖會》所載「暹羅（國）」

又如卷三十二「家飾具・椅子」條，良安所列異名有「圓椅、椅踏」等條。據《三才圖會》原文，圓椅、椅踏分別載「器用」卷十二（圓椅）與「儀制」卷四（交椅、椅踏）。不過，良安所載圖傳部分，與《三才圖會》仍有差別。圖版部分，其選擇圓椅與椅踏二物，交椅未載；傳文部分，則又全部選自「儀制」卷四「交椅」條。傳文首句曰：「圓椅，漢靈帝時景師所造。」〔註 127〕，「圓椅」，《三才圖會》作「交椅」。另外，寺島良安刪除「交椅」元代形制，僅保留明代形制（即傳文「今制」），即「木胎，渾金餙之。中倚爲鈒花雲龍，餘皆金釘裝釘，上陳緋綠織金褥，四角各垂紅絲緱結紛錯」。相較而言，《三才圖會》器用之「圓椅」強調「用」，即日常使用之功能；而「交椅」雖亦爲坐椅，但其豪華裝置及飾物，則遠超使用，更強調其禮制、等級觀念〔註 128〕，不可混爲一體，良安之合併不當。

〔註 127〕 寺島良安：《和漢三才圖會》，第 398 頁。又，此句似又源自「器用」卷十二「胡床」條所引《風俗通》之文，並且「胡床」條之圖版，亦與「儀制」卷四「交椅」相似。值得注意。

〔註 128〕 又，《三才圖會》「交椅椅踏」圖傳部分，全文引自《明集禮》卷四十四「儀杖・交椅椅踏」。

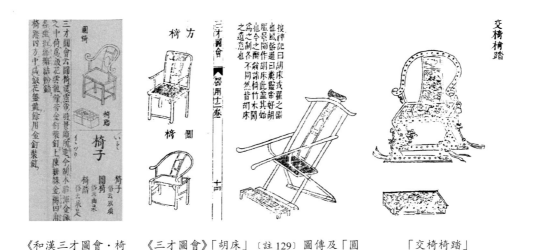

《和漢三才圖會・椅　　　《三才圖會》「胡床」〔註129〕圖傳及「圓　　　　「交椅椅踏」
子》　　　　　　　　　　椅」圖

五、《和漢三才圖會》刪減《三才圖會》之處，文義多含混、闕失，產生諸多訛誤。

　　如卷五「曆占・大將軍」條，「百事不可犯」之「犯」字，《三才圖會》原作「抵犯」。「抵犯」爲雙音節詞，義爲「觸犯、冒犯」。良安僅保留「犯」字，於義未突變，但稍顯冒失。又，「百事不可犯，犯之三年死滅」，義爲任何事情都不能做，做了三年內就會死絕。《三才圖會》「百事不可抵犯」後，有言曰：「不出其年，亡者八九，惟宜修飾，吉。忌云：禁一百步，犯之三年死。」〔註130〕據此，王圻所述句義複雜；而寺島良安的引文則闕失如下句義：「做了事情，不出當年死者十有八九」、「只有修飾屬於激勵」、「嚴格禁止走一百步，如果觸犯，則三年內必死無疑」。

　　又如同卷「黃幡」條，良安僅載「黃幡，太歲之墓也」一句，釋名、禁忌之文皆闕載（《三才圖會》原文見下圖所示）。同卷「太陰」條，「主女人、小口」語義不明，《三才圖會》原作「凡興工、動土、移徙，大抵要損女人、小口」〔註131〕。據此，《三才圖會》義爲：如果開工建造或遷徙的話，對女人與未成年孩童有損失。良安刪減之文，語義含混不明。同卷「歲破」條，「犯

〔註129〕注意：寺島良安《和漢三才圖會》卷三十二「家飾具・胡床」所載圖版非「胡床」，而與《三才圖會》「方椅」相似。
〔註130〕王圻：《三才圖會》，第939頁。
〔註131〕分見寺島良安：《和漢三才圖會》，第67頁；王圻：《三才圖會》，第939頁。

之損宅長」不辭，疑良安刪削過甚所致。《三才圖會》原作：「其地不可興工、動土、移徙、婚娶、遠行、安葬，犯之殺宅，長歲破月。」〔註132〕句義明晰，確爲良安刪削之誤。

又如卷六「曆擇日神」圖表末引《三才圖會》之文，「圖內有忌者不宜用」〔註133〕後，良安刪減《三才圖會》「蓋甲子六十日一週，有值吉星、凶星，在人取擇焉」〔註134〕一句，此刪減於段落大意仍有影響。又如卷十三「異國人物‧韃靼」條，首句「及宋復盛」之「及」字，略顯突兀，意義亦含混。《三才圖會》原文主要介紹韃靼歷朝名目及與中原王朝關係，與此處有關的原文作：「後魏蠕蠕強，其滅也突厥興。唐貞觀，則李靖滅突厥。五代及宋，契丹復盛。」〔註135〕良安刪除宋前韃靼歷史，但「及」字頗顯突兀，爲刪減不當所致。刪除「五代」、「契丹」時代與民族名，又有歧義。「蓋韃靼其種本有五……而其一種蒼色狼與慘白鹿所生……」〔註136〕，刪減亦有不當之處。「韃靼其種本有五」之「韃靼」，《三才圖會》作「匈奴」〔註137〕，亦與條目名稱相似。良安所改及條目名稱皆作「韃靼」，似主要出於十四世紀歷史及明代文獻角度的考慮；但從歷史發展與民族分合情況來看，王氏父子條曰「匈奴」，「匈奴其種有五」，則更符合事實，更顯恰當。

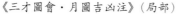

《三才圖會‧月圖吉凶注》（局部）

《和漢三才圖會‧婚嫁》

〔註132〕寺島良安：《和漢三才圖會》，第 67 頁；王圻：《三才圖會》，第 939 頁。
〔註133〕寺島良安：《和漢三才圖會》，第 93 頁。
〔註134〕王圻：《三才圖會》，第 962 頁。
〔註135〕王圻：《三才圖會》，第 415 頁。
〔註136〕寺島良安：《和漢三才圖會》，第 214 頁。
〔註137〕王圻：《三才圖會》，第 818 頁。

如卷十「人倫之用・婚娶」條，「庶人納婦」部分，全部採自《三才圖會・儀制》卷六。但良安刪削過程中所犯最大錯誤在於：「明日，婦見祖禰畢，次見舅姑，往見婦之父母」〔註138〕之「舅姑」後，脫一「婿」〔註139〕字。有此「婿」字，則「往見婦之父母」則主語齊全，且與「婦」見「祖禰」、「舅姑」形成對比，同時還說明婦見婿祖親在前、婿見岳父母在後的順序，不可含混。因此，良安所闕雖僅一字，但關係極大，應當添加。

又如卷十四「外夷人物・老撾」條，寺島良安幾乎全部引自《三才圖會》，但其將原文中表示老撾方位的「在安南西北」〔註140〕五字刪去，闕失重要信息，多有不當。卷二十二「刑罰具・笞杖」條，寺島良安將《三才圖會》中兩種刑具，合併一處，加以敘述，雖節省部分文字，但意義則多有屬亂。其中，「杖用大荊條……長三尺五寸。大頭徑二分七厘，小頭徑一分起厘」，皆為描述「杖」；描述「笞」者僅「笞用小荊條」及「須削去節目」等十字。讀者如不參閱《三才圖會》，極易將描述杖者混入笞中，當需認真區分。

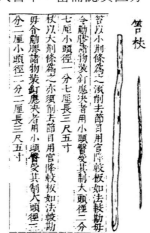

《和漢三才圖會・笞杖》　　　　　　《三才圖會》「笞」與「杖」圖傳

又如卷四十一「水禽・鸕鶿」條，良安文作：「（鸕鶿）吐而生子，多者七八，少者生五六。」〔註141〕據此，鸕鶿生子似嘴中嘔吐而生，此屬明顯訛誤。《三才圖會》原文作：「其熱如陽，其骨主鯁及噎吐。而生子多者生七八，

〔註138〕寺島良安：《和漢三才圖會》，第 143 頁。
〔註139〕即夫婿之「婿」。
〔註140〕王圻：《三才圖會》，第 820 頁。
〔註141〕寺島良安：《和漢三才圖會》，第 469 頁。

少生五六。」〔註142〕據此，王氏父子強調鸕鷀性熱，而其骨頭主治魚骨卡喉或嘔吐等癥，與「嘴中嘔吐生子」沒有任何關係，良安刪削有誤。

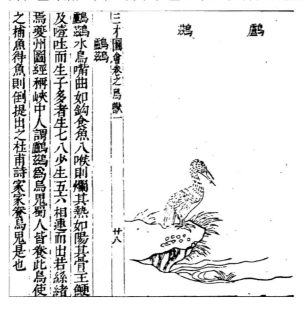

《三才圖會·鸕鷀》

《和漢三才圖會·鸕鷀》

六、《和漢三才圖會》引《三才圖會》時，多有訛脫或衍文。另外，還有部分引文錯置《三才圖會》名下者。

如卷十四「外夷人物·暹羅」條，其有文曰：「羅斛土田平衍多嫁，暹人仰給之。」〔註143〕其中，「平衍多嫁」不辭，平衍形容土地平整，「多嫁」則概括女子多嫁人之義，疑良安所引有誤。據《三才圖會》原文，「多嫁」為「多稼」〔註144〕之訛，「平衍多稼」為常用詞組，即土地平整、多種植莊稼（或多產糧食），於義妥當，良安當正之。同卷「狗國」條，「以箸十餘雙，教其行十里，遺一隻」一句，「十餘雙」，《三才圖會》作「十餘隻」〔註145〕，於義為是。又，陸佃《埤雅·狗首國》（卷六）、元陰時夫《韻府群玉·上聲·北狗》（卷十二）等皆作「十餘隻」，良安形近而誤。

〔註142〕王圻：《三才圖會》，第 2168 頁。

〔註143〕寺島良安：《和漢三才圖會》，第 218 頁。

〔註144〕王圻：《三才圖會》，第 818 頁。

〔註145〕分見寺島良安：《和漢三才圖會》，第 225 頁；王圻：《三才圖會》，第 829 頁。

又如卷三十八「獸類・檮杌」條，全文皆引自《三才圖會・鳥獸》卷四同條。但良安刊刻時，「終不退卻，惟而已」，當從《三才圖會》作「終不退卻，惟死而已」〔註146〕，少一「死」字，句義含混。又如卷五十一「無鱗魚・鰐」條，「如象之用鼻。往往取人」〔註147〕中，「往往取人」四字，語義不明，似有訛脫。據《三才圖會》，此句原作：「如象之用鼻。往往取人家所畜羊、豕食之。」〔註148〕據此，寺島良安參考《三才圖會》，刪削不當，遺失重要信息，導致句義含混不清〔註149〕。

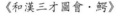

《和漢三才圖會・鰐》

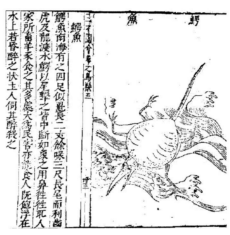

《三才圖會・鰐魚》

關於《和漢三才圖會》之衍文，例證亦多。如卷五「曆占・大將軍」條，《三才圖會・月圖吉凶注》有「將軍」條，無「大將軍」。細審《三才圖會》原文，「將軍」上爲「天命」及小字雙行注文。小字注文中有「大殺十人」之句，其中「大」字處換行，且「大」字與「將軍」位置靠近，筆者懷疑良安參閱時，「將軍」條涉上條注文「大」字而誤〔註150〕。

〔註146〕分見寺島良安：《和漢三才圖會》，第 450 頁；王圻：《三才圖會》，第 2222 頁。

〔註147〕寺島良安：《和漢三才圖會》，第 558 頁。

〔註148〕王圻：《三才圖會》，第 2258 頁。

〔註149〕又，兩部三才圖會所載「鰐」，圖版有異，相較而言，良安所載爲是，王氏父子大概未見此物，所載非是。另外，《三才圖會》傳文中，「南海有之」與「虎及龍度水，鱷以尾擊之，皆中斷，如象之用鼻。往往取人家所畜羊、豕食之。其多處，大爲民海」等文，語義矛盾。更加說明王氏父子無法得見實物，所載互相矛盾，圖版亦有差錯。

〔註150〕寺島良安：《和漢三才圖會》，第 66 頁；王圻：《三才圖會》，第 939 頁。

又如卷十三「異國人物・轄轕」條，傳文起首位置「及宋復盛」之「及」字，即屬衍文。同條目中「僭居中國稱帝，改國號曰大元」之句，《三才圖會》原文無「改國號曰大元」〔註151〕。另外，日本與蒙元曾發生激烈海戰，蒙古又屬北方民族，在歷代日本統治階層及知識分子眼中，元朝非中國正朔，其稱「大元」令人不解，估計是良安直接抄自有關文獻，並未採用「國朝」改爲「大明」之法，加以修改，需要注意。

卷十七「嬉戲部・相撲」條，傳文全部引自《三才圖會》〔註152〕，並有刪減所致脫文。良安將《三才圖會》所引《漢武故事》刪掉，還刪減「秦二世在甘泉宮作樂角觝」之後「注云」二字。其中，後者刪減多有不當。細案《三才圖會》引文，則「秦二世在甘泉宮作樂角觝」爲《史記》正文，而「戰國時，增講武以爲戲樂相誇，角其材力，以相觝鬪，兩兩相當也」等文字，則是《史記》注文；如寺島良安之文所示，讀者如不查閱《三才圖會》原書，定將此類文字當成王圻等所撰，實屬不可忽視的錯誤。另外，《和漢三才圖會》傳文末句：「佛在世時，提婆與諸力士相撲，無對。」〔註153〕，《三才圖會》無載，筆者懷疑，此文源自南北朝釋僧祐《釋迦譜》〔註154〕或唐地婆訶羅譯《方廣大莊嚴經》〔註155〕之文，存疑待考。

〔註151〕 至於《三才圖會》所據原始文獻是否有此一句，則不在此論列範圍。

〔註152〕 王氏父子《三才圖會・角觝》條傳文，又全部引自宋高承《事物紀源》卷九「博弈嬉戲部第四十八」。

〔註153〕 以上引文分見寺島良安：《和漢三才圖會》，第 288 頁；王圻：《三才圖會》，第 1793 頁。

〔註154〕 卷一，日本大正新修大藏經本。其文曰：「爾時，提婆達多又與難陀共相撲戲，二人力等，亦無勝者。太子又前手執二弟，躄之於地，以慈力，故不令傷痛。」

〔註155〕 卷四，日本大正新修大藏經本。其文曰：「是時五百童子角力相撲，分爲三十二朋。難陀就前，騁其剛勇。菩薩舉手，纔觸其身，威力所加，應時而倒。提婆達多常懷我慢，陵侮菩薩。謂己威力與菩薩等，挺然出眾，巡彼試場。疾走而來，欲挫菩薩。爾時菩薩不急不緩，亦無瞋忿，安詳待之。右手徐捉，飄然擎舉，摧其我慢，三擲空中。以慈悲故，使無傷損。告諸釋種：汝宜盡來與我相撲。俱生瞋忿，銳意齊奔。菩薩指之，悉皆顛仆。時諸人天同聲唱言：善哉！善哉！」轉引自朱慶之：《相撲語源考》，載《Studies in Chinese Language and Culture》, ed. by Christoph Anderl and Halvor Eifring, Hermes Academic Publishing, Oslo 2006。

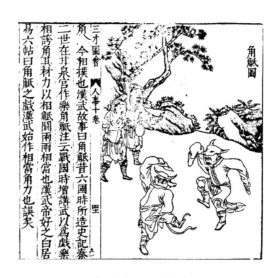

《和漢三才圖會‧相撲》　　　　　　《三才圖會‧角觝》

其他還有卷十四「外夷人物‧紅夷」條「回回國人」衍「國人」〔註156〕二字等諸多例證，不再俱引。

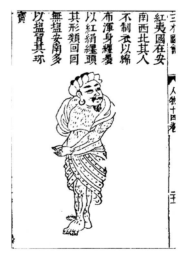

《和漢三才圖會‧紅夷》　　　　　　《三才圖會‧紅夷國》

《和漢三才圖會》中，還有部分內容錯置於《三才圖會》名下。如卷十四「外夷人物‧扶桑」條，除首句「扶桑國，在大漢國東」一句源自《三才圖會》外，其他所有內容皆引自唐杜佑《通典‧邊防二‧東夷下‧扶桑》（卷

一百八十六）以及宋代類書《太平御覽・四夷部五・扶桑國》（卷七百八十四）、《冊府元龜・外臣部・土風第一・扶桑國》（卷九百五十九）等書，寺島良安疏於檢核，誤將其全部歸入《三才圖會》名下。

　　據《三才圖會・人事》卷十，《和漢三才圖會》卷十七「嬉戲部・蹴鞠」條中「以革爲圜囊，實以毛髮蹙之。漢成帝最好蹴鞠」〔註157〕之文，皆非王氏父子所編原文〔註158〕。其中，「以革爲圜囊，實以毛髮蹙之」之文，似源自南唐徐鍇《說文解字繫傳》〔註159〕、或元熊忠《古今韻會舉要》〔註160〕等辭書；而「漢成帝最好蹴鞠」源自高承《事物紀源》〔註161〕所引《西京雜記》等文獻。同樣，此條引《三才圖會》中「蹴鞠，兵勢也，所以練武事」一句，寺島良安將「武事」改爲「武士」，以與李昉等纂《太平御覽》及宋王應麟《漢藝文志考證》〔註162〕之文相同。

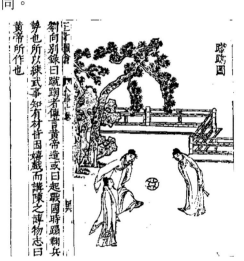

《和漢三才圖會・蹴鞠》　　　　　　　《三才圖會・蹴鞠圖》

〔註157〕　寺島良安：《和漢三才圖會》，第 287 頁。

〔註158〕　王圻：《三才圖會》，第 1795 頁。

〔註159〕　卷六「鞠」條，「四部叢刊」景述古堂景宋鈔本。

〔註160〕　卷二十五入聲「鞠」條，清文淵閣四庫全書本。

〔註161〕　卷九「博弈嬉戲部第四十八」，明弘治十八年魏氏仁實堂重刻正統本。又，宋朱勝非《紺珠集》卷二《續仙傳》「彈棊」條，清文淵閣四庫全書本。

〔註162〕　《太平御覽》卷第七百五十四，工藝部十一「蹴鞠」條，四部叢刊三編景宋本。宋王應麟《漢藝文志考證》卷八「兵技巧」部分，載「《蹵鞠》二十五篇」一書，王應麟引劉向《別錄》之文爲證。《三才圖會》引文與王應麟引文，基本相同。

七、《和漢三才圖會》引文中，還有《三才圖會》原文有誤、寺島良安改是者，或《三才圖會》無誤、良安引證時訛誤，或《和漢三才圖會》承《三才圖會》之誤者。

如卷十四「外夷人物・占城」條，有言曰：「其（即占城）屬郡有賓童龍……安南、王舍城」，其中「王舍城」，《三才圖會・人物・占城國》訛爲「三舍城」，《三才圖會・人物・賓童龍》亦作王舍城〔註163〕；又如「王命國師持咒書符，投民死所，虎鱷自趣」之「自趣」，《三才圖會》原作「自赴」，良安所改於義爲是，可參。又如卷十八「樂器・敔」條，「背刻鉏鋙有二十七」一句，「鉏鋙」，《三才圖會》原作「齟齬」，字異而義同；「二十七」，王氏父子原作「七十二」，《三才圖會》屬明顯訛誤，寺島良安所改爲是。「二十七鉏鋙」之說，詳見南朝宋沈約《宋書・樂志》（卷十九）、唐杜佑《通典・樂四・權量・木・敔》（卷一百四十四）以及宋鄭樵《通志・樂略・二木・敔》等諸多文獻中。

關於《三才圖會》無誤、良安引證時有疏漏者，亦有例證。如卷十五「藝器・佐須加」條，「佐須加」爲外來物品之日語音讀，良安亦註明「正字未詳」字樣。但據引文及圖版形狀，此即《三才圖會・器用》卷十二「裁刀」條。除引《三才圖會》此條全文外，在條目下還有注文曰：「《三才圖會》亦不出其名也，疑此蠻語乎？」〔註164〕據此，良安似不知《三才圖會》所錄爲何物，其亦忽視「器用」卷十二卷首目錄中有關條目的排列順序。據卷首目錄，「櫺架」前條爲「裁刀」，即良安所引，其後條目爲「剪刀」、「貝光螺」兩條，卷內正文未標明條目名稱（詳參下圖）。因良安未仔細核對卷首目錄與卷內條目，才致此誤。不過，良安注文仍標明其嚴謹、闕疑的科學態度，這也是值得稱讚的。

〔註163〕其他又如元汪大淵《島夷志略・賓童龍》、明巩珍《西洋番國志》（卷一，清彭氏知聖道齋鈔本）、明張萱《西園聞見錄・屬國・前言》（卷六十八兵部十七，民國哈佛燕京學社印本）等皆有「占城」即「王舍城」之載。

〔註164〕以上引文，分參寺島良安：《和漢三才圖會》，第252頁；王圻：《三才圖會》，第1328頁。

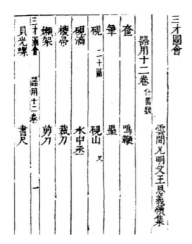

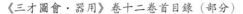

《三才圖會・器用》卷十二卷首目錄（部分）　　　　《和漢三才圖會・佐須加》

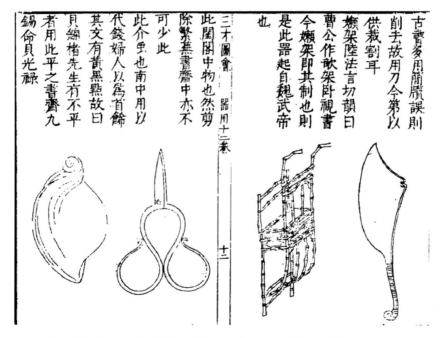

《三才圖會・器用》卷十二「裁刀」、「爛架」、「剪刀」、「貝光螺」條

　　《和漢三才圖會》承《三才圖會》之誤者，亦有例證。如卷十五「藝器・《衍極》書法流傳之圖」條，此圖表《三才圖會・人事》卷四全載，王氏父子節選時，已經註明出處，即源自元代鄭杓《衍極》，但《三才圖會》條目名稱似有不當，《衍極》既然爲書名，條目名稱似以「書法流傳之圖」爲是，「衍

極」則以小字注文形式，接續條目名稱之後，方顯妥當。不過，《三才圖會》表中，將「李陽氷（即「冰」）」誤爲「李陽水」，傳文中「間世」當爲「世間」，寺島良安引文時，未加辨析，直接照錄訛文和倒文。另外，「張旭」之旭，良安還誤爲從九、從且之字（即「旭」），亦屬明顯訛誤。

總之，寺島良安《和漢三才圖會》直接引述《三才圖會》的數量，僅次於明李時珍《本草綱目》與謝肇淛《五雜組》，而居第三位，且「異國人物」、「外夷人物」兩卷引用尤多。寺島良安引文除極少部分引用《三才圖會》全文，絕大部分皆作刪減、化裁，這些刪減、化裁，主要體現在：刪除《三才圖會》二次引文，刪減與卷目、卷目無直接關係之文，調整引文排序，修正引文錯誤，合併《三才圖會》條目。寺島良安所採取的諸種方法，整體來看節省篇幅、文辭簡約、語義自洽，但所造成的語義訛誤、闕失等方面亦復不少，讀者需要注意。

第四節　《和漢三才圖會》引書考──以《事物紀源》、　　　　《農政全書》爲例

寺島良安《和漢三才圖會》中借鑑宋高承《事物紀源》、明徐光啓《農政全書》等農學作品亦多，此節擬作簡單分析。

一、《和漢三才圖會》引《事物紀源》考

《事物紀源》，宋人高承撰，即《事物紀原》，由於良安引文皆標爲「紀源」，因此本書及本節皆按「紀源」標注。寺島良安《和漢三才圖會》總共引用《事物紀源》三十四條，下面，我們結合金圓、許沛藻點校本《事物紀源》〔註165〕，亦作簡單介紹。

首先，寺島良安《和漢三才圖會》選自《事物紀源》，有首尾完整、文字基本相同者。如卷十一「經絡部・銅人形」一條，全部選自《事物紀源》，雖然有些許兩可之處〔註166〕，但保留《紀源》文獻〔註167〕，亦體現重要的版本

〔註165〕高承撰，金圓、許沛藻點校：《事物紀源》，中華書局1989年。下簡稱「紀源」或「高氏書」。

〔註166〕寺島良安將「腧穴」改爲「俞穴」，腧、俞古通，在表示腧穴之義時兩字均可用。參氏撰《和漢三才圖會》，第157頁。

〔註167〕又，《紀源》有言曰：「黃帝問岐伯以人之經絡，窮妙於血脈……」，「黃帝」前，良安添加「昔」字，不知所據何本，或爲良安自己添加，亦未可知，待考。

與文獻價值。又如卷十七「嬉戲部・毬杖」條，較完整地引用《紀源》本文，僅將此文出處的《宋朝會要》〔註168〕，略而未載，以求《和漢三才圖會》編纂體例統一。其他還有卷二十五「容飾具・衣籠」〔註169〕、卷二十八「衣服類・袍」〔註170〕、卷五十六「山類・塚墓」、卷八十一「家宅類・寺」〔註171〕等條目。

其次，寺島良安《和漢三才圖會》中做了刪減就簡、重新編輯的重要工作。如卷四「時候類・盂蘭盆」，寺島良安做了增補、刪減、改寫工作。《紀源》作「中貯雜饌」〔註172〕，良安添加「果實」〔註173〕二字。良安刪減之處主要有：「今世每七月十五日」，「謂之盂蘭齋者」，「今人弟以竹爲圓架」，良安分別刪除「每」、「者」、「弟」等字；高承所引《盂蘭經》文〔註174〕，良安全部刪除，而代之以「本目連事」四字；「後代廣爲華飾」後，刪「乃至割木割竹，極工巧也」。良安改寫部分如下：《紀源》「致之祭祀之所，失之遠矣」之文，前半句良安代之以「祭祀之」，「失之遠矣」則刪除。整體來看，寺島良安雖然刪除部分文獻，遺失「失之遠矣」等重要線索，但其所做編輯工作可以信從，文辭較爲簡約，語義也基本完整。

又如卷一「天部・四方」〔註175〕，《紀源》作：「王希明《太一金鏡式經》曰：昔燧人氏仰觀斗極而定方名，東西南北是也。則四方之名，蓋始自燧皇定之。」〔註176〕據此，良安刪減「四方」文獻來源，將「昔燧人氏仰觀斗極而定方名，東西南北是也」略作調整，合二爲一。又如卷九「官位部・大將軍」，《和漢三才圖會》僅保留「戰國時，始有大將軍之號」、「隨事即置」兩句，「即置」後添加「諸軍」（即「之於軍」，義爲「有戰事，即於軍中設置大將軍一職」）兩字〔註177〕，以使句義完整；而將《紀源》中引劉劭《爵制》之

〔註168〕金圓等點校：《事物紀源》，第130頁。
〔註169〕此條目，《紀源》作「薰籠」，參金圓等點校：《事物紀源》，第413頁。
〔註170〕《紀源》作「公服」，參金圓等點校：《事物紀源》，第147頁。
〔註171〕《紀源》名此條曰「僧寺」，以別於下條目「尼寺」。寺島良安：《和漢三才圖會》，第1146頁；金圓等點校：《事物紀源》，第368頁。
〔註172〕金圓等點校：《事物紀源》，第437頁。
〔註173〕寺島良安：《和漢三才圖會》，第53頁。
〔註174〕原文作：「按，《盂蘭經》曰：目連母亡，生餓鬼中，佛言須十方眾僧之力，至七月十五日，具百味五果以著盆中，供養十方大德。」
〔註175〕寺島良安：《和漢三才圖會》，第2頁。
〔註176〕金圓等點校：《事物紀源》，第2頁。
〔註177〕寺島良安：《和漢三才圖會》，第138頁。

文，屈匄、范增等大將軍，漢代大將軍職品、隋煬帝諸衛置〔註178〕等信息，全部刪除，以清眉目，處理基本妥當。

其他諸如卷十七「嬉戲部・紙鵄」（《紀源》作「紙鳶」）、卷二十一「兵器・砲石」〔註179〕等條目，亦如上述，集中體現了寺島良安刪繁就簡、修正改寫之功，俱可參閱。

又次，由於寺島良安參考不同版本，其所做重要增補工作，當有所本。如卷七「人倫類・鍛冶」條，「僅燧人鑄金作刀」〔註180〕一句，與《紀源》相同。「及周世，桃氏爲劍」之文，源自《周禮・考工記》，但《紀源》無載；「吳有干將，越有歐冶，趙有徐夫人。其餘良工不牧舉」中，「吳有干將，越有歐冶」似源自《越絕書・越絕外傳記・寶劍第十三》，「趙有徐夫人」等暫不知其源，與《紀源》引《周書》、《尸子》、《禮》爲說〔註181〕，出入較大，待考。

又如卷二十二「刑罰具・桎」，全部引自《紀源》，其中「蓋此杻械，出黃帝之時」〔註182〕之「杻」字，李果刻本、清文淵閣四庫全書所收閻敬刻本〔註183〕《紀源》等，皆無此「杻」字，將其當成衍文可行，不過，穩妥的作法則是存疑，寺島良安有可能參考其他不同版本，存疑待考。

再次，亦有寺島良安所據《事物紀源》基本無誤，而點校本出現訛誤的情況。又如卷十一「經絡部・銅人形」，「今醫家記」，金圓點校本訛爲「金醫家記」，且添加書名號，多有不當。又，宋張杲《醫說》〔註184〕卷二《針灸・明堂》、明王三聘《事物考》〔註185〕卷二《藝術・明堂》等文獻，均作「今醫家記」（語義爲「當下的醫生記錄曰……」），據此當寺島良安是之〔註186〕，而《紀源》點校本訛誤。

又如卷三十四「船橋類・船」，「黃帝斬蚩尤戰，斮舟檝」，其中，「斮」字，《紀源》作「刜」，當爲良安疏漏。另外，《紀源》此句原作「帝既斬蚩尤，

〔註178〕金圓等點校：《事物紀源》，第 279 頁。
〔註179〕《紀源》作「礮石」（第 511 頁），「砲」、「礮」爲古今字。
〔註180〕寺島良安：《和漢三才圖會》，第 108 頁。
〔註181〕金圓等點校：《事物紀源》，第 463 頁。
〔註182〕寺島良安：《和漢三才圖會》，第 108 頁。
〔註183〕關於《紀源》版本情況，可參金圓等點校《事物紀源・點校說明》，第 1 頁。
〔註184〕明萬曆刻本。
〔註185〕明嘉靖四十二年刻本。
〔註186〕此條中，寺島良安將「腧穴」，改爲「俞穴」，亦爲疏於檢核所致。

內舠舟楫」〔註187〕，而明弘治仁實堂重刻正統本〔註188〕《紀源》則作：「帝既斬蚩尤，乃舠舟檝。」據此，金圓點校本將「乃」訛爲「內」（估計爲打字或排版之誤），而寺島良安則將此文歸納敘述。

復次，寺島良安《和漢三才圖會》轉引《事物紀源》時，出現新的文字或編纂訛誤。如卷七「人倫類・尼」，據《紀源》，「漢明帝聽劉峻女出家」〔註189〕之「女」字，當爲「等」〔註190〕之訛。「劉峻女」與「劉峻等」，前者表示劉峻的女兒，後者表示包括劉峻在內的一干人等，語義迥異，當屬良安節選、刊刻致誤〔註191〕。

又如卷十五「藝器・硯」，《紀源》曰：「後漢李尤《墨硯銘》曰：書契既造，墨硯乃陳。則是茲二物者，與文字同興於黃帝之代也。」〔註192〕筆者推斷，寺島良安可能根據《紀源》條目（「墨硯」）、「墨硯乃陳」之文，概括出「墨亦硯」之文，良安理解大誤。案，高承《紀源》中「墨硯」條目之義，當即「研磨墨塊的硯臺」之意思（主要強調硯臺及硯臺用途），「墨硯乃陳」即「墨塊、硯臺並置」，「茲二物」亦明顯說明「墨」、「硯」爲二物，良安「墨亦硯」義即「墨塊就是硯臺」，理解方面有明顯偏差，讀者亦需注意。

又如卷十七「藝能・高絙」部分，寺島良安全文照錄《紀源》此條後半之文，但誤將末尾「傾」字刻爲「頃」字，「傾」與「頃」字義不同，或爲良安之誤。當然，《和漢三才圖會》中有「頃城」條，實即古代中國文獻常用的、標識貌美的「傾城」之謂；據此，日本所用古漢語中，「傾」與「頃」是否相通，存疑待考。又如卷十八「樂器・鉦鼓」全文引自《紀源》，但「乃今銅鑼，其遺事也」，衍一「乃」字〔註193〕。又如卷九十三「芳草類・牡丹」中，「隋煬帝世，始傳牡丹華」〔註194〕，「華」同「花」，即牡丹花，或者「華」字屬衍文；「宮中及民間競尚賞之」，「尚賞」不辭，「賞」字亦或屬衍文。

〔註187〕《紀源》作「舟」，參金圓等點校：《事物紀源》，第 403 頁。
〔註188〕明弘治十八年魏氏仁實堂重刻正統本。
〔註189〕寺島良安：《和漢三才圖會》，第 107 頁。
〔註190〕金圓等點校：《事物紀源》，第 387 頁。
〔註191〕又，此條文字，高承引自《僧史略》，良安一併刪除，闕失文獻淵源信息，亦屬可惜。
〔註192〕金圓等點校：《事物紀源》，第 425 頁。
〔註193〕寺島良安：《和漢三才圖會》，第 300 頁。
〔註194〕寺島良安：《和漢三才圖會》，第 1294 頁；金圓等點校：《事物紀源》，第 551 頁。

　　最後，寺島良安刪減《事物紀源》時，亦有多書合併、剪裁失當、信息闕失之處，需要多加注意。如卷八「人倫・子」有「謂麻胡來」小條，引《紀源》爲證。但良安將《紀源》所引《會稽錄》、《朝野僉載》糅合一處，以作說明。其中，源自《會稽錄》者爲「會稽有鬼，號麻胡，好食小兒腦」，「遂以在小兒啼，則謂『麻胡來』恐之，乃啼聲絕」等文，則化用《朝野僉載》〔註195〕之文。又如卷五十七「水類・溫泉」有關解釋，與《紀源》全同，唯一不足之處在於：《紀源》之文，分屬於《三秦記》、《漢武故事》兩書，寺島良安引時，將文獻出處兩書刪除，讀者如不察，或誤將此文歸入高承《紀源》名下，這是容易產生歧義的地方，需要注意。

　　如卷四「時候類・歲」，前半曰：「朞三百六旬有六日，以閏月定四時。則名歲之義，自陶唐始也。」〔註196〕據《紀要》，「朞三百六旬有六日，以閏月定四時」源自《尙書》，但良安刪減「四時」後之「成歲」二字，破壞引文完整，亦有不當。又如卷七「人倫類・太子」，出於「文略」（文辭太簡略）、刪除枝節等考慮，良安主要做了刪減「夏商史實」及《漢書・高祖紀》引文〔註197〕工作，爲防止文義破碎，良安還在「漢天子號皇帝」前添加轉折詞「又」，以使文義銜接。但《和漢三才圖會》此引文末作「此始也」，不辭，當如《紀源》原文作「此其始也」，此亦屬良安之訛。

　　又如卷十五「藝器・筭」，《紀源》引魏劉氏曰：「庖犧氏始畫八卦，作九九之術，以合六爻之變。周公制禮而有九數。九數之流，則『九章』是矣。」〔註198〕良安據上文後半，曰：「《九章算術》，周公作，即《周禮》所謂『九數』也。」〔註199〕據「周公制禮而有九數」未必能得出「周公作《九章算術》」之論，「九數」與《九章算術》仍有較大差別，《九章算術》雖有傳爲周公作之說，但仍無定論，況且中國古代有託名著名歷史人物而作某書的傳統，如《黃帝內經》、《黃帝外經》等作品，因此良安之見，不甚準確。

〔註195〕《紀源》引《朝野僉載》文曰：「後趙石勒將麻胡，性虎險鳩毒。有兒嗁，每輒恐之『麻胡來』，嗁聲絕。」引者案，「嗁」同「啼」。參高承撰：《事物紀源》，第546頁。
〔註196〕寺島良安：《和漢三才圖會》，第43頁。
〔註197〕寺島良安：《和漢三才圖會》，第95頁。
〔註198〕金圓等點校：《事物紀源》，第15頁。
〔註199〕寺島良安：《和漢三才圖會》，第269頁。

又如卷十八「樂器類・阮咸」條，文中「以爲晉『竹林七賢』中阮咸所彈」〔註200〕一短句有兩處錯誤：「以爲」前缺失主語，據《紀源》，當補充「杜佑」二字，即唐代著名學者杜佑的觀點；「竹林七賢」，《紀源》作「《竹林七賢圖》」〔註201〕，前者爲晉代名士七人之合稱，後者則爲繪畫作品，不可同日而語，良安的刪減，多有不當。而此條句末還有「四弦十二柱，或五弦十三柱」一句，其中，「四弦十二柱」爲《紀源》原文，「十二」當作「十三」；而據元馬端臨《文獻通考》〔註202〕，「五弦十三柱」主要指月琴，良安是否將「阮咸」、「月琴」之文混淆，尚不得而知。

如卷十六「藝能・伶人舞」所引《紀源》，不僅未載文獻之源（孟頻引《教坊記》），末尾一句「則此舞始也」，亦如《紀源》原載，當爲「然則舞自康氏始也」〔註203〕。相較而言，《紀源》本文信息完整，句義準確，良安所節信息遺失，亦不完整。如卷五十八「火類・火」，寺島良安引文曰：「《事物紀源》云：燧人氏上觀下察，鑽木取火，教民熟食。」〔註204〕其中，「上觀下察」當化用《紀源》引《尸子》「燧人上觀星辰，下察五木以爲火」一句，僅靠「上觀下察」是無法準確理解原意的。「教民熟食」四字源出於班固《白虎通德論》〔註205〕，但寺島良安不是節引《白虎通》，而是根據《紀源》所引《禮含文嘉》「炰生爲熟，令人無腹疾」之文，修改而成。具有類似情況的條目，還有卷五十九「金類」中「錢」、「繩」〔註206〕、卷八十一「家宅類中「倉」、「藩籬」〔註207〕等，不再俱引。

另外，寺島良安號稱引自《紀源》，而出處並不明確者。如卷十八「樂器・羯鼓」〔註208〕引文，與《紀源》本文〔註209〕出入較大，筆者懷疑良安所參當爲別本，或者直接由某一類書或工具書轉引而來，並未查考《紀源》原書，亦未可知，待考。同卷「壎」〔註210〕亦有此類情況。

〔註200〕寺島良安：《和漢三才圖會》，第294頁。
〔註201〕金圓等點校：《事物紀源》，第98頁。
〔註202〕卷一百三十七「樂考十・絲之屬俗部」。
〔註203〕金圓等點校：《事物紀源》，第93頁。
〔註204〕寺島良安：《和漢三才圖會》，第634頁。
〔註205〕卷一「虢」，四部叢刊景元大德覆宋監本。
〔註206〕寺島良安：《和漢三才圖會》，第649、650頁。
〔註207〕寺島良安：《和漢三才圖會》，第1147、1155頁。
〔註208〕寺島良安：《和漢三才圖會》，第298頁。
〔註209〕金圓等點校：《事物紀源》，第104頁。
〔註210〕寺島良安：《和漢三才圖會》，第299頁；金圓等點校：《事物紀源》，第103頁。

總之，鑑於寺島良安引文多作改寫與重編、所引《紀源》僅三十餘條，筆者雖盡力作簡要分析，但仍無法推斷寺島良安所參《紀源》的版本情況，這是令人遺憾且需要特別說明的地方。

二、《和漢三才圖會》引《農政全書》考

《農政全書》，十二目，六十卷，明代上海人徐光啓撰，是書爲中國古代科技史、農學史經典名著，與西漢《氾勝之書》、北魏賈思勰《齊民要術》、元王禎《農書》等，並稱爲中國四大農書。徐光啓廣搜博取，參以實踐，對上古至明代後期中國古代農業科學技術的諸多方面，做了認眞梳理與深刻總結，該書價值巨大，地位顯赫，影響深遠。

寺島良安《和漢三才圖會》中借鑑、選用《農政全書》者，共計七十一處〔註211〕。寺島良安的引文，主要分佈在卷三十六女工具、卷五十七水類、卷八十三喬木類、卷八十四灌木類、卷八十七山果類、卷九十二末山草、卷九十四末濕草、卷九十六蔓草、卷九十九菫草、卷一百二柔滑荣等卷次內；而寺島良安所引文字，又主要集中於《全書》所收朱橚《救荒本草》各卷中〔註212〕。著名農學家石聲漢先生以明崇禎十二年（公元1639年）陳子龍平露堂刻本爲底本，出版點校本《農政全書》〔註213〕一書，我們這裏的比較與分析，就以「石校本」爲主要參考版本。

首先，《和漢三才圖會》中有較多文字，全部節選自《全書》者。如卷三十六「女工具・木綿軒床」條〔註214〕，除「軒」、「軒」的古今字之異外，傳文部分全部照錄《全書》，但圖版略有差異，原來身著漢裝之紡織女工，變爲身著和服（髮髻亦有不同），深刻體現了寺島良安的匠心獨具。全文照錄《全書》者，如下所示：

「灌木類・蠟梅」（卷八十四）；

「山果類・文冠花」（卷八十七）；

〔註211〕《和漢三才圖會》卷三「天象・四時占侯諺語」部分，有「《農政全書》以爲風之侯者，未審」之載，此非嚴格意義上的引文，因此略而不計。參寺島良安：《和漢三才圖會》，40頁。

〔註212〕參石聲漢點校：《農政全書》（《徐光啓全集》之一種），卷四十六至卷五十九，下冊，上海古籍出版社2010年，第1013～1428頁。

〔註213〕石聲漢點校：《農政全書》，上、中、下三冊，上海古籍出版社2010年。下簡稱爲「石校本」或「《全書》」。

〔註214〕寺島良安：《和漢三才圖會》，第425頁；石聲漢點校：《農政全書》，第757頁。

「山草類・匙頭茉」（卷九十二末）；

「濕草類・白屈茉」、「雨點兒茉」、「剪刀股」、「蠍子花茉」、「婆婆指甲
茉」、「火燄茉」（以上卷九十四末）；

「蔓草類・牛尾茉」、「狗掉尾草」（卷九十六）；

「葷草類・野蜀葵」（卷九十九）；

「菽豆類・山黑豆」（卷一百四）。

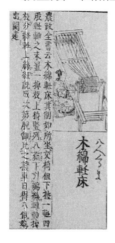

《和漢三才圖會・木棉軒床》　　《農政全書・木棉軒床》〔註215〕　　《和漢三才圖會・菊虎》

其次，《和漢三才圖會》中，有專門過錄徐光啓觀點而非《全書》之引文
者。如卷三十六「女工具・木綿彈弓」條，寺島良安將《三才圖會》「木綿彈
弓，以竹爲之……如彈氈法」〔註216〕等文置首，「今以木爲弓，蠟絲爲弦」
等《全書》殿後。案，《三才圖會》引文，非王圻父子所作，而是其轉引《王
禎農書》之文，寺島良安不覺，將其當成《三才圖會》之文〔註217〕。據「石
校本」，「今以木爲弓，蠟絲爲弦」前有「玄扈先生曰」五字，玄扈即徐光啓
字號，此爲徐氏自撰之文。據此，鑑於《三才圖會》已載有關文字，寺島良
安隨即選用《全書》徐光啓之說，以備參閱。

再次，寺島良安合併、刪減與修改《全書》之處，間有衍文、闕文、誤
文等方面不足。如卷五十七《水類・水》所引文字，源自《全書・水利・泰

〔註215〕案，此圖採自道光二十三年王壽康曙海樓刻本，亦即「石校本」所謂「曙海
　　　　樓本」。本部分所引圖版，皆選自「曙海樓本」，特此註明。
〔註216〕寺島良安：《和漢三才圖會》，第426頁；石聲漢點校：《農政全書》，第756頁。
〔註217〕《農政全書》此條亦以「木綿彈弓，以竹爲之……」爲釋，但未註明出處。

西水法下》「試水美惡，辨水高下」之條，此部分雖出自《全書》，實爲徐光啓與熊三拔合譯的西方水利學作品，從嚴格意義上講，非徐光啓撰著作品，這是需要說明的地方。寺島良安將「辨水高下」五法中之「煮試」、「日試」、「稱試」、「紙帛試」四法，加以合併、刪減而成，獨捨棄「味試」一法。另外，還有文字方面的差異，如「煮試」中「此水質惡也」，「此」，良安作「是」，此句中「是」、「此」皆爲代詞，兩者均可通，但良安隨意修正，不甚妥當；「紙帛試」中「用紙或絹帛之類」之「或」字，良安作「及」，一表選擇，一表並列，當以《全書》爲是，良安之改有誤；同條「無跡者爲上也」之「跡」，良安作「變」，於義不當，亦有訛誤。

又如卷八十三「喬木類・莢蒾」條，「孩兒拳頭，一名莢蒾」〔註218〕，石校本作「孩兒拳頭，名莢蒾，一名繫迷」〔註219〕。據此，良安似刊刻不細，誤將莢蒾異名「繫迷」前之「一名」，置於條目名稱前。另外，良安此條中列有「擊迷」、「羿先」等異名，其中「擊迷」是探討良安所據版本的重要線索。據石校本所示，僅有「平、黔、曙本作『擊迷』」〔註220〕，黔本、曙本皆刊刻於清代道光年間，則良安所據版本，必爲明崇禎十二年陳子龍平露堂刻本，這是需要特別提示的地方。

同卷「喬木類・楸」條，石校本「所在有之」〔註221〕，良安改作「山谷中多有之」〔註222〕；「葉梢作三角尖叉」之「梢」字，良安誤爲「稍」字。另外，良安還將石校本中「救饑」條目全部刪除，以和此卷「喬木類」之旨。與「楸」條相似，良安將《全書》中標明草木出處的信息，盡行刪減。如卷八十三「黃楝樹」，石校本「生鄭州南山野中」，良安改爲「生山野中」。卷八十四「灌木類・壩齒花」〔註223〕、同卷「白檀」〔註224〕、「笑樹」〔註225〕、「山茶科」、「檆樹」、「臭蕪」、卷九十二末「山草類・歪頭菜」、同卷「紫雲菜」、「舌頭菜」等諸多條目，亦與此同。

〔註218〕寺島良安：《和漢三才圖會》，第 1182 頁。

〔註219〕石聲漢點校：《農政全書》，第 1305 頁。

〔註220〕石聲漢點校：《農政全書》，第 1305 頁。

〔註221〕石聲漢點校：《農政全書》，第 1330 頁。

〔註222〕寺島良安：《和漢三才圖會》，第 1178 頁。

〔註223〕石校本作「中州人家園宅間亦多載」，良安作「亦人家園宅間多載」，將「亦」置首，文辭拗口，句義不順。

〔註224〕石校本作「生密縣梁家衝山谷中」，良安作「生山谷中」。

〔註225〕石校本作「生輝縣太行山山谷中」，良安作「生山谷中」。

　　又如卷九十四末「濕草類・牻牛兒」，據石校本，「結青□葵兒」〔註226〕所闕之字，當即「蓇」字。「蓇葖」爲常見植物果實類型，典型例證即八角茴香。又如卷八十四「灌木類・吉利子樹」條，據石校本，「其枝葉間開五瓣小尖花」〔註227〕中衍「其」字，仔細分析此段文義，無「其」字語句順暢、簡約、無誤，良安似好心塡補之，以明句義，其實大可不必添加。而同條中「又似櫻桃葉而小」之「而」字，石校本作「亦」，「又」、「亦」雖顯文字囉嗦，但朱橚《救荒本草》及《全書》皆作此，良安亦不好輕易更正。

　　又如同卷「柘」條，除常見的將「梢」誤爲「稍」之外，「亦堪飼蠶」〔註228〕，良安修改爲「其椹亦飼蠶」〔註229〕，「椹」與「堪」字形近而義異，毫無相通之處，即便良安將「椹」誤解爲桑甚之「甚」字〔註230〕，義亦不通，皆屬訛誤。同卷「白檀」條，「其葉味苦」，良安則訛爲「其花味苦」〔註231〕，葉或花味苦完全不同之性，當需正之。

　　又如同卷「槭樹」條，良安引文中訛誤較多。「而五葉尖，又亦錦花葉而薄小，色淡黃綠」〔註232〕十六字，即有訛、脫、倒等三類問題。「又」作「叉」，從上文讀作「五葉尖叉」；「錦花」當作「綿花」，以上屬「訛」部分。「錦花葉而薄小」，石校本作「綿花葉而薄小，又似絲瓜葉，卻甚小」，此爲脫文。「色淡黃綠」文意不暢，當如石校本作「淡黃綠色」爲是，此爲「倒文」。

　　又如卷八十七「山果類・櫨子」條，「葉形類棠梨而厚，背色微黃」，據石校本，此作：「葉似多青葉，稍闊厚，背色微黃。葉形又類棠梨葉，但厚。」〔註233〕據此，良安將櫨子、多青、棠梨三葉比較之文混淆，剪裁失當，且有訛誤。其他，卷九十二末「山草類・尖刀兒草」中，「兩佈佈」爲「兩兩佈」，「味甜」當爲「味甘」〔註234〕之誤。

〔註226〕寺島良安：《和漢三才圖會》，第 1351 頁。

〔註227〕寺島良安：《和漢三才圖會》，第 1198 頁；石聲漢點校：《農政全書》，第 1319 頁。

〔註228〕石聲漢點校：《農政全書》，第 1324〜1325 頁。

〔註229〕寺島良安：《和漢三才圖會》，第 1192 頁。

〔註230〕「椹」與「葚」可互通。

〔註231〕寺島良安：《和漢三才圖會》，第 1202 頁。

〔註232〕寺島良安：《和漢三才圖會》，第 1210 頁；石聲漢點校：《農政全書》，第 1276 頁。

〔註233〕石聲漢點校：《農政全書》，第 1367 頁。

〔註234〕寺島良安：《和漢三才圖會》，第 1289 頁；石聲漢點校：《農政全書》，第 1137 頁。

復次，《和漢三才圖會》借鑑《全書》，有體例不一者。如卷八十四「灌木類・山茶科」條，據石校本，良安所引「做茶煮飲」〔註235〕四字，屬於「救饑」部分之文。筆者前文曾提到：良安為與各卷卷目相匹配，將《救荒本草》、《全書》中有關「救荒」、「救饑」等內容，盡行刪減。但「山茶科」條所保留「做茶煮飲」，說明良安自己所定體例，亦未嚴格貫徹，這是需要注意的地方。

又如卷八十七「山果類・欓子」，傳文最後一句「多食，損齒及筋」〔註236〕，亦屬「救饑」條，可刪減不載。與此類情形相似者，還有卷九十二末「山草類・白薇」、「歪頭菜」以及卷九十四末「濕草類・翠蝴蝶」、「粉條兒菜」、「風花菜」、卷九十九「葷草類・野蜀葵」等等，例多不據引。

另外，良安《和漢三才圖會》引《全書》中，除選載「救荒」內容，有的條目還載「治病」之文。如卷九十二末「山草類・螺厴兒」條中，「今人用苗水煮服，治痢疾，甚效」〔註237〕，即屬於《全書》「治病」條內之文。卷九十四末「濕草類・董董菜」〔註238〕、「草零陵香」與此相同。

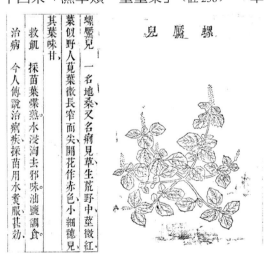

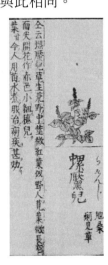

《農政全書・螺厴兒》圖傳　　　　　　　　　　　《和漢三才圖會・螺厴兒》

〔註235〕寺島良安：《和漢三才圖會》，第 1210 頁；石聲漢點校：《農政全書》，第 1283 頁。

〔註236〕寺島良安：《和漢三才圖會》，第 1227 頁；石聲漢點校：《農政全書》，第 1367 頁。

〔註237〕寺島良安：《和漢三才圖會》，第 1289 頁。

〔註238〕案，此條寺島良安誤為「董董菜」。參氏撰：《和漢三才圖會》，第 1347 頁；石聲漢點校：《農政全書》，第 1105 頁。

　　最後，《和漢三才圖會》中有託名《全書》、別有所本者。如卷五十三「化生蟲・菊虎」條，寺島良安有「《農政全書》曰：喜食菊葉小蟲也。蓋清明以後，出食嫩葉，如不防則喰盡矣……」〔註 239〕之文，查《全書》，關於「菊虎」，徐光啓自撰文字曰：「夏至之前後，有蟲焉，黑色而硬殼，其名曰菊虎。晴煖而飛出，不出於巳、午、未之三時，宜候而除之。菊之爲菊虎所傷也，傷之處仍手微摘之，磨去其牙，蟲毒可以免。秋後之生蟲，如虎之多也必，多栽易壯盛之菊於圃之周。」〔註 240〕良安所參或爲《農政全書》「別本」〔註 241〕，或參閱宮崎案貞《農業全書》〔註 242〕有關內容，亦未而知，不過其圖版部分則可補《全書》之闕，亦是一大貢獻。

　　總之，《和漢三才圖會》所引《全書》中，大部分作了刪減、化裁、編輯等方面的工作，這些操作原則與方法，絕大部分合理無誤，但其中出現將有關條目中的地名（果、菜、草、木出處地域）全部刪除，則十分不妥；而其中文字訛誤（如「梢」全部訛爲「稍」）、剪裁失當、體例不一等方面的問題，亦復不少；另外，《和漢三才圖會》山草、濕草、蔓草等卷次有關條目，編排順序與《全書》不同，與《救荒本草》亦迥異，不知良安編排依據爲何，待考。讀者參閱《和漢三才圖會》時，當借鑑《全書》、《救荒本草》等權威版本或點校本爲好。

　　最後，上文中我們曾提到，僅有一條證據能夠證明寺島良安所參版本爲明代陳子龍平露堂刻本，從《農政全書》版本源流、江戶漢籍流日情況以及《和漢三才圖會》成書年代等多方面考慮的話，此論斷當無疑義，只是下一步我們還需要更加堅實的證據佐證之。

〔註 239〕寺島良安：《和漢三才圖會》，第 596 頁。
〔註 240〕石聲漢點校：《農政全書》，第 843 頁。
〔註 241〕參胡道靜：《關於〈農政全書〉的「別本」》，《中國農史》，1983 年第 1 期。
〔註 242〕宮崎安貞：《農業全書》，農業漁村文化協會 1978 年。案，《農業全書》完全參閱徐光啓《農政全書》，并增加個人農事經驗，編纂而成。成書於元祿九年（公元 1696 年），刊刻於元祿十年；另外，與《和漢三才圖會》相似，皆由大阪（浪華）出版發行。參韓興勇：《〈農政全書〉在近世日本的影響和傳播：中日農書的比較研究》，《農業考古》，2003 年第 1 期。

第六章 「圖海」——兩部《三才圖會》的巨量版畫插圖

第一節 兩部《圖會》的版畫編繪情況

一、中國歷代插圖類印刷品簡況

關於插圖，明歐陽東鳳《坐隱圖跋》提到：「夫簡策有圖，非徒工繪事也。蓋記未備者，可按圖而窮其勝；記所已備者，可因圖而索其精。圖爲貢幽闡邃之具也。」〔註1〕鄭振鐸先生提到，「插圖是一種藝術，用圖畫來表現文字所已經表白的一部分的意思；插圖作者的工作就在補足個別的媒介物，如文字之類的表白」〔註2〕，「那些可靠的來源的插圖裏，意外的可以使我們得見各時代的眞實的社會的、生活的情態」〔註3〕。

「圖書」、「左圖右書」、「有圖必有書」〔註4〕等措辭，皆表明圖畫與文字刻印多同時產生，同時進行，無先後之分，雕版印刷大興之後，更爲版畫插圖作品製作、流行提供重要的技術與物質保障。鄭振鐸亦曰：「近代的插圖差

〔註1〕載汪廷訥：《坐隱先生全集》，卷首，萬曆三十七年環翠堂刻本。參「四庫全書存目叢書·集部」，第188冊，第523頁。

〔註2〕鄭振鐸：《插圖之話》，載《鄭振鐸藝術考古文集》，文物出版社1988年，第3頁。

〔註3〕鄭振鐸：《插圖本中國文學史·例言》，上海人民出版社2005年，第2頁。

〔註4〕參葉德輝：《書林清話》、徐康《前塵夢影錄》。轉引自楊永德：《中國古代書籍裝幀》，人民美術出版社2006年，第325頁。

不多與印刷的發明是同時產生的。這些時代的插圖師精於藝術的技巧而又是補足文字所不易傳達之意的。」〔註5〕

現存最古的雕版印刷品是唐至德二年陀羅尼經咒〔註6〕、太和八年「具注曆日」〔註7〕及咸通八年的《金剛經》〔註8〕卷子等。其中，前二者關注者少，而後者眾人皆知。而宋代則是中國雕版印刷事業的第一個高峰，元、明、清皆傳承其術且發揚光大。插圖類印刷品是雕版印刷中一個重要門類，其中，宋聶崇義《新定三禮圖》、《纂圖互注尚書》〔註9〕、吳翬飛《六經圖》、《烈女傳》、李誡《營造法式》、王惟一《銅人腧穴針灸圖經》、蘇頌《本草圖經》、唐慎微《證類本草》、宋伯仁《梅花喜神譜》及元代所刻《王禎農書》、《纂圖增新群書類要事林廣記》、《至大重修宣和博古圖》等，皆為典型作品。

明代特別是萬曆一朝，更是插圖類作品大發展時期，對此鄭振鐸先生有精準評價。鄭先生曰：「明之中葉及末年是中國插圖史上的黃金時代；今所能得到的好插圖，當以者時代為最多；而這時代不僅繪圖的藝術極為精工，即雕刻的藝術亦到了前莫與京、後莫與京之佳境。」〔註10〕又曰：「木刻畫發展到明的萬曆時代，可以說是登峰造極，光芒萬丈。其創作的成就，既甚高雅，又甚通俗。不僅是文人們案頭之物，為他們所喜愛。數量是多的，質量是高的。差不多無書不插圖，無圖不精工。」〔註11〕繆詠禾《明代出版史稿》〔註12〕、王伯敏《中國版畫通史》〔註13〕、趙前《明本》〔註14〕、劉小

〔註5〕鄭振鐸：《插圖之話》，載《鄭振鐸藝術考古文集》，第6頁。
〔註6〕周蕪主編：《中國版畫史圖錄》，上海人民出版社1988年，第1頁；周心慧主編：《中國古籍插圖精鑑》，中國青年出版社2006年，第2頁。
〔註7〕鄧文寬：《敦煌三篇具注曆日佚文校考》，《敦煌研究》，2000年第1期。
〔註8〕現藏大英圖書館。
〔註9〕宋版「纂圖互注」類作品之一。其中宋版「纂圖互注」類九種作品已被選入「中華再造善本叢書‧唐宋編」之內出版發行。參宗瑛：《淺說〈纂圖重言重意互注〉之宋版書》，轉引自「書啊書」天涯博客（http://blog.tianya.cn／blogger／post_read.asp？BlogID=1788311&PostID=22759353）。
〔註10〕鄭振鐸：《插圖之話》，載《鄭振鐸藝術考古文集》，第8頁。
〔註11〕鄭振鐸：《中國古代版畫史略》，載《鄭振鐸藝術考古文集》，第364頁。
〔註12〕第十章名曰「明代印刷技術的重大革新」，第一節「插圖的廣泛應用」。參氏撰：《明代出版史稿》，江蘇人民出版社2000年，第320～340頁。
〔註13〕第五章名曰「版畫鼎盛時期──明代」。河北美術出版社2002年。
〔註14〕「明代的版畫」部分。又，該書為「中國版本文化叢書」之一種。參氏撰：《明本》，江蘇古籍出版社2003年，第49～68頁。

玄《中國版畫藝術源流》〔註15〕、楊永德《中國古代書籍裝幀》〔註16〕、徐小蠻《中國古代插圖史》〔註17〕及《中華圖像文化史・插圖卷》〔註18〕等，均設有專節，討論明代插圖類印刷品的有關情況。

具體來講，明代插圖類作品分佈於經、史、子、集各大門類，其中，子部、集部更是集中了絕大部分插圖作品，具體而言涉及如下種類：釋道、類書〔註19〕、兵書、農書、本草、圖譜、畫譜、藝術（以上子部）、詩集、文集、詩譜、戲劇、小說（以上集部）。如上所述，門類眾多的插圖版畫作品中，釋道通俗作品流傳極廣泛，具有明顯地域特色，眾多畫家參與其中，單色、套色〔註20〕皆備，人物逼真，造型精準，線條流暢，構圖精巧，雕工雅緻，爭奇鬥艷，各顯神通，共同編織、築起有明近三百年版畫插圖作品的輝煌高峰與黃金時代。

輝煌的明代插圖版畫印刷作品和技術，不僅在中國影響深遠，還影響到日本浮世繪的發展〔註21〕。本書研究對象之一——寺島良安《和漢三才圖會》——以及日本各類插圖版畫作品，均沐浴在明代插圖版畫技術、作品的黃金光環之下。

二、《三才圖會》插圖版畫與統計數據

關於《三才圖會》插圖版畫情況，鄭振鐸先生有精彩介紹與評價。其言

〔註15〕 第二章爲「明代版畫藝術的成就」。湖南美術出版社 2006 年。

〔註16〕 第十一章名「古籍的插圖版畫」，第七節「明代的插圖版畫」。參氏撰：《中國古代書籍裝幀》，第 361～374 頁。

〔註17〕 上海古籍出版社 2007 年。

〔註18〕 中國攝影出版社 2016 年。又，徐小蠻、王福康上述二書具有明顯相同之處，後者晚出，又有納入一些新的研究成果與心得。可參。

〔註19〕 《三才圖會》與章潢《圖書編》，堪稱代表。又，楊永德先生「明代的插圖版畫」部分引《三才圖會》中《傀儡圖》爲證，但楊先生將其列入「嘉、隆以後戲曲小說」類作品中，著錄信息爲「明刻《傀儡圖》插圖『三才會』」，説明楊先生不了解《三才圖會》一書，著錄多有訛誤。又，作者還將《救荒本草》作者誤爲明太祖子朱棣等，均屬明顯訛誤。參氏撰：《中國古代書籍裝幀》，第 364、367、368 頁。

〔註20〕 楊永德先生提到：明代首先使用套色者爲湖州吳興閔氏與凌氏，而胡正言「餖版」印刷的《十竹齋書畫譜》、《十竹齋箋譜》、顏繼祖印刷之《蘿軒變古箋譜》等，堪稱代表。參氏撰《中國古代書籍裝幀》，第 373～374 頁。

〔註21〕 參高雲龍：《浮世繪藝術與明清版畫的淵源研究》，人民出版社 2011 年。案，此書據作者博士論文（《浮世繪與明清版畫藝術》，東南大學，張道一教授指導，2001 年）修改而成。

曰：「《三才圖會》是一部篇幅浩瀚的有插圖的百科全書……以圖爲主，採集的範圍廣極了，有圖的材料，殆皆包羅進去。不說別的，單是古今名人圖像就有了好幾卷書，比任何書都搜集的多些。關於人民生活的圖像，也收入不少，未必是『無根之談』。我以爲較之章潢的《圖書編》是更爲有用的。」〔註22〕薛冰先生《插圖本》也提到，「《三才圖會》著眼於圖，將歷代之插圖，比較選擇，分門別類，編寫說明，以成圖文互證之形式，匯刻成書；其收錄插圖範圍的廣博，遠勝於《圖書編》」〔註23〕，「其中內容雖說都有所本，但能夠搜羅到如此豐富，編排的井井有條，是不愧爲『集大成』之譽的……不但是一部可貴的插圖本，也是對於此前插圖本的一種總結，爲後人利用提供了方便」〔註24〕。

《中國古代木刻畫史略》書影

《明代的圖像與視覺性》英文本、中譯本封面

〔註22〕 鄭振鐸編著：《中國古代木刻畫史略》，上海書店出版社 2006 年，第 76～81 頁。案，此本不僅將鄭振鐸先生原注釋全部恢復，並添加至各章末，還添加了「責編補」（即人民美術出版社責任編輯補充注釋，此「責編」非 2006 年上海書店出版社之責編完顏紹元先生等），既保留鄭著原貌，又有增補，堪稱最佳版本之一。但「責編補」亦有訛誤，以註解 109「王圻」條爲例，責編將「王圻」訛爲「王圻明」（第 95 頁），不明就裏者以爲《三才圖會》編纂者爲「王圻明」；此實爲責編標點訛誤所致，當以「王圻，明上海人。字元翰……」爲是。又見氏撰：《中國古代版畫史略》，載《鄭振鐸藝術考古文集》，第 375 頁。但據陳福康先生所述，《鄭振鐸藝術考古文集》及《鄭振鐸全集》等書，將「接近於正文字數」的注釋全部刪除，殊感不當（參陳福康：《鄭振鐸先生的最後一部奇書──唯大時代乃產生大著作》，載《中國古代木刻畫史略》，卷首，第 14 頁）。

〔註23〕 《插圖本》爲「中國版本文化叢書」之一種。參氏撰：《插圖本》，江蘇古籍出版社 2002 年，第 42 頁。

〔註24〕 《插圖本》下編「掇英」部分，有《三才圖會》條目。參氏撰：《插圖本》，第 159～160 頁。

英國漢學家柯律格《明代的圖像與視覺性》一書中，亦專闢《天地人三才》﹝註 25﹞之章，評述《三才圖會》版畫情況。柯氏借鑑《三才圖會》天、地、人三才的分類法，用以組織本章內容。其中，「天」部分文字最少，且存在將「天文」誤釋爲「天的紋理圖案」﹝註 26﹞等訛誤。「地」部分，作者將「區田」、風水諸「穴」，統一置於「數」的範疇；輿圖、景觀圖部分，其吸收余定國「地圖學與詩和畫屬於同一藝術『經濟系統』」、「平面地圖與繪畫混合」等觀點，結合《新編海內奇觀》、《湖山勝概》等景觀圖作品，分析其「圖像環路」（Iconic Circuits）﹝註 27﹞特徵。「人」部分，主要結合中國傳統相術等視角闡釋人物肖像畫的文化特徵（而非「藝術特徵」）。整體來看，柯氏的闡釋方法仍是以版畫爲基礎，結合文化史、藝術史、民俗史、思想史研究方法，闡釋圖版之形式與內容，雖突破一般藝術史研究視角，有創新性，但這種突破仍顯拘謹。

筆者曾對《三才圖會》做過詳細統計，書中各類版畫、插圖、表格、示意圖等，共載六一二五種（詳見下表）。

《三才圖會》版畫插圖數量統計表

卷　次	插圖數量	卷　次	插圖數量	卷　次	插圖數量
天文一	4	天文二	21	天文三	35
天文四	148	地理一	8	地理二	9
地理三	15	地理四	17	地理五	28
地理六	41	地理七	31	地理八	33
地理九	31	地理十	38	地理十一	23
地理十二	23	地理十三	11	地理十四	51
地理十五	33	地理十六	163	人物一	54
人物二	42	人物三	31	人物四	33
人物五	26	人物六	46	人物七	39
人物八	50	人物又八	49	人物九	54

﹝註 25﹞ 柯律格撰，黃曉鵑譯：《明代的圖像與視覺性》，北京大學出版社 2011 年，第85～114 頁。案，此書英文版名《Pictures and Visuality in Early Modern China》，1997 年由 Reaktion Books 出版社出版。
﹝註 26﹞ 柯律格：《明代的圖像與視覺性》，第 86 頁。
﹝註 27﹞ 關於「圖像環路」，參氏撰：《明代的圖像與視覺性》，第 43～52 頁。

人物十	44	人物十一	38	人物十二	35
人物十三	70	人物十四	70	時令一	46
時令二	12	時令三	12	時令四	13
宮室一	32	宮室二	37	宮室三	71
宮室四	145	器用一	54	器用二	167
器用三	86	器用四	78	器用五	57
器用六	129	器用七	73	器用八	98
器用九	57	器用十	61	器用十一	93
器用十二	152	身體一	30	身體二	36
身體三	31	身體四	41	身體五	31
身體六	36	身體七	217	衣服一	123
衣服二	108	衣服三	48	人事一	44
人事二	88	人事三	79	人事四	63
人事五	117	人事六	90	人事七	74
人事八	39	人事九	116	人事十	78
儀制一	25	儀制二	21	儀制三	36
儀制四	64	儀制五	6	儀制六	9
儀制七	54	儀制八	31	珍寶一	127
珍寶二	270	文史一	75	文史二	68
文史三	15	文史四	0	鳥獸一	45
鳥獸二	68	鳥獸三	49	鳥獸四	78
鳥獸五	69	鳥獸六	73	草木一	44
草木二	42	草木三	46	草木四	40
草木五	40	草木六	40	草木七	41
草木八	40	草木九	38	草木十	62
草木十一	48	草木十二	55	**總　計**	6125

　　筆者統計原則與方法，簡述如下〔註 28〕：首先，有部分作品算作多幅圖者。如「天文」四卷中，《日月風雲氣色圖》部分，日月氣象，各有差異，一圖一注算作一幅。《堪輿諸圖》、《穴法圖》（皆「地理」卷十六）中，不同地形，代表不同寓意、吉凶，小圖算作一圖。《夫子官壇圖》（「宮室」卷三）又

〔註28〕 如下所述、細目中加引號者，皆爲書中各卷下所標之目：不加引號者，由筆者總結而出。

細分爲「前」、「後」，當爲二圖。《陽宅內形吉凶圖》（「宮室」卷三）雖僅一名，但其下有三圖，分別表示三種情況，應算作三圖。《博山香爐》，既錄香爐圖形，又載八字銘文，當爲二圖；《秦權》（皆「器物」卷二），既載正視、側視二圖，亦載全部銘文，當爲三圖。《隸書圖》（皆載「人事」卷三）部分，根據其內部細目，算作三圖。《新開元（通寶）》（「珍寶」卷一）載錢幣十二枚（正面）、十一枚（背面，原書標注爲「錢背文」），因正、背文字各有差異且枚數不同，暫算作二圖。

其次，《三才圖會》中還有橫跨數頁、但算作一圖者。《陝西輿圖》（「地理」卷一）占一頁半之篇幅，《薊州邊圖》（「地理」卷二）、《海運圖》（「地理」卷五）占兩頁篇幅，《黃河圖》（「地理」卷四）占兩頁半篇幅，《西湖圖》、《會稽圖》（皆「地理」卷九）占三頁，《長江圖》（「地理」卷四）占六頁篇幅等等，算作一幅圖。《鄉圖遂圖軍圖》（「地理」卷十四）雖僅爲示意圖，仍算作一幅圖。《道統總圖》（人物卷「又八」）列明人眼中道統序列，自伏羲、神農、黃帝始，至「程朱」、金履祥、眞德秀等，以「譜牒」之則登載，雖占兩頁，仍算作一圖。《釋迦宗派授受圖略》（「人物」卷九）不僅占一頁半篇幅，還採用譜牒、示意圖「糅合體」，算作一圖。《植羽》雖有六圖，但形制完全相同；《業》有二圖（皆載「器用」卷三），使用中，當有左右之別，當爲一圖。《鳥銃後門形》（「器用」卷八）雖有六圖，但爲鳥銃分解示意圖，算作一圖，下《銃式》、《子母炮》、《天墜砲式》同此。《三元年方紫白定局》（「時令」卷二）雖位於兩半頁之上，但經過核查，當屬一圖。《斬衰圖》（「衣服」卷三）左側有十一圖，即分別展示「斬衰」服飾、器物等，算作一圖；《齊服圖》、《大、小功服圖》等統計，與此同。《草訣百韻圖》（「人事」卷三）、《篆法偏旁》（「人事」卷四）等，分別占十八頁、十二頁篇幅，筆者暫將其各算作一圖（存疑待考）。《畫梅圖》（「人事」卷五）前半部分、《蘭圖》（「人事」卷六）、《除紅圖》（「人事」卷六），分別畫花、枝、蘭、除紅等內容，半頁算作一圖。《牌圖》（「人事」卷八）部分，自「第一牌」至「第六十九牌」，雖占九頁，筆者暫將其算作一圖（存疑待考）。《土圭圖》（「人事」卷十）占五頁半，暫算作一圖。《國朝鹵簿圖》（「儀制」卷三）占十五頁，暫算作一圖。《秦漢官制圖》（「儀制」卷八），簡約分列秦、西漢、東漢三時期中央官制情況，因互有交叉，算作一圖。《南北珠圖》（「珍寶」卷一）占半頁，雖有四十八小圖，仍屬於標題所述「南北珠」範疇，暫算作一圖。《釋爻圖》（「文史」卷一）雖占五

頁半，仍算作一圖。《天子習五戎圖》（「文史」卷二）、《春秋二十國年表圖》等，或詳細展示天子禮之全貌，或詳細記載春秋時期二十國大事年表等，雖各占五頁、十六頁，皆算作一圖。

再次，《三才圖會》中還有部分作品形似版畫插圖，而未統計在內者。《三元月白紫方定局》（「時令」卷二）皆爲文字排列，暫未將其當做圖而加以統計。《天運星煞直日之圖》（「時令」卷三，每月皆按十二「地支」排列，共計一百四十四）、《天運星煞值日之圖》、《天運星煞值時之圖》（後二者載「時令」卷四）等，雖名爲「圖」，但皆爲文字，未將其統計爲圖。《詩餘圖譜》上、中、下（「文史」卷三、四）部分，皆爲詞譜，暫未算作圖。

據上所述，六千餘幅版畫插圖或圖表中，如卷目所示，從圖版內容方面來看，涉及天文、地理、時令、宮室、器物、身體、衣服、儀制、音樂、藝術、經書、詩詞、本草等諸多門類；從繪畫體裁來看，人物、山水、花鳥以及釋道、風俗等均有；圖版形式有地圖、譜牒、版畫、插圖、圖表、示意圖等種類，繪畫（或雕刻技法）技巧方面則以工筆線描爲主，而工筆、寫意兼備。

三、《和漢三才圖會》插圖版畫情況

筆者對寺島良安《三才圖會》亦作詳細統計，書中各類版畫、插圖、表格、示意圖等，共載三七○四種（詳見下表）。

《和漢三才圖會》圖版數量統計表

部　類	卷　次	卷　目	圖版數量
天部	1	天部	26
天部	2	天文	35
天部	3	天象類	19
天部	4	時候類	36
天部	5	曆占類	49
天部	6	曆擇日神	1
人部	7	人倫類	58
人部	8	人倫親族	8
人部	9	官位部	18
人部	10	人倫之用	30
人部	11	經絡部	53

人部	12	支體部	24
人部	13	異國人物	11
人部	14	外夷人物	177
人部	15	藝器	66
人部	16	藝能	15
人部	17	嬉戲部	24
人部	18	樂器類	44
人部	19	神祭附佛供具	43
人部	20	兵器防備具	44
人部	21	兵器征伐具	69
人部	22	刑罰	10
人部	23	漁獵具	28
人部	24	百工具	55
人部	25	容飾具	26
人部	26	服玩具	20
人部	27	絹布類	46
人部	28	衣服類	72
人部	29	冠帽類	35
人部	30	履襪類	16
人部	31	庖廚具	133
人部	32	家飾具	82
人部	33	車駕類	33
人部	34	船橋類	24
人部	35	農具類	58
人部	36	女工具	27
人部	37	畜類	14
人部	38	獸類	49
人部	39	鼠類	20
人部	40	寓類、怪類	23
人部	41	水禽類	44
人部	42	原禽類	29
人部	43	林禽類	54

人部	44	山禽類	40
人部	45	龍蛇部	30
人部	46	介甲部	23
人部	47	介貝部	43
人部	48	河湖有鱗魚	27
人部	49	江海有鱗魚	49
人部	50	河湖無鱗魚	9
人部	51	江海無鱗魚	52
人部	52	卵生類	53
人部	53	化生類	49
人部	54	濕生類	21
地部	55	地部	9
地部	56	山類	32
地部	57	水類	56
地部	58	火類	22
地部	59	金類	28
地部	60	玉石類	14
地部	61	雜石類	63
地部	62 本	中華、北京、南京、山東、山西	5
地部	62 末	河南、陝西、湖廣	3
地部	63	江西、浙江、福建、廣東、廣西、貴州、四川、雲南	8
地部	64	日本、朝鮮、琉球、蝦夷、西域、天竺、北地諸狄、西南諸蠻	35
地部	65	陸奧、出羽	1
地部	66	上野、下野、常陸、上總、下總、安房	1
地部	67	武藏、相模、伊豆	5
地部	68	越後、佐渡、越中、信濃	1
地部	69	甲斐、駿河、遠江、三河	1
地部	70	能登、加賀、越前、飛驒、美濃	1
地部	71	若狹、近江、尾張、伊勢、志摩、伊賀	2
地部	72 本	山城	3
地部	72 末	山城	1
地部	73	大和	4

地部	74	攝津	2
地部	75	河內	1
地部	76	和泉、紀伊、淡路	3
地部	77	丹波、丹後、但馬、因幡、播磨、	1
地部	78	美作、備前、備中、備後、伯耆、出雲、隱岐	1
地部	79	阿波、土佐、讚岐、伊予、安藝、石見、周防、長門	1
地部	80	豐前、豐後、築前、築後、日向、肥後、大隅、薩摩、肥前、壹岐、對馬	1
地部	81	家宅類	85
地部	82	香木類	55
地部	83	喬木類	66
地部	84	灌木類	84
地部	85	寓木類、苞木・竹之類	18
地部	86	五果類	12
地部	87	山果類	51
地部	88	夷果類	24
地部	89	味果類	14
地部	90	蓏果類	10
地部	91	水果類	5
地部	92 本	山草類上卷	39
地部	92 末	山草類下卷	70
地部	93	芳草類	66
地部	94 本	濕草類上卷	87
地部	94 末	濕草類下卷	127
地部	95	毒草類	66
地部	96	蔓草類	88
地部	97	水草、藻類、苔類	48
地部	98	石草類	18
地部	99	蕈草類	38
地部	100	蓏菜類	16
地部	101	芝栭類	18
地部	102	柔滑菜	52

地部	103	穀類	28
地部	104	菽豆類	13
地部	105	造醸類	57

《和漢三才圖會》之統計原則與方法，與上述《三才圖會》基本相同。如下方面需要略作說明：

首先，卷六「歷擇日神」之圖共計十九頁，算作一圖。此圖與《三才圖會・時令》卷三「天運星煞直日之圖」基本相同，雖佔據多頁，皆算作一圖。其次，圖版多幅算作一圖者。如卷八十二「香木類・樨樹」條，載樨、姬樨二樹；同卷「松」條，圖版載唐松、和松；同卷「丁子」條，除樹形外，還有雌、雄樹實之形；卷八十三「喬木類・皂莢」，除皂莢樹外，還有皂角刺、懸刀、豬牙、皂角子諸形；同卷「木欒子」，載《三才圖會》及寺島良安所繪圖形；卷八十七「山果類・包橘」條附「葉品」圖版，備列蜜柑、金柑、柚、乳柑、橙六果葉形；卷九十二末「山草類・黃芪」及「人參」逐諸，各載草形、實形等。

以上諸例雖有多版小圖（或為和漢，或為樹、實，或為整體與局部等等），但屬同條，且表現或為同一植物性狀，或為和漢對比情形，因此仍算作一圖。「地部」草、木、果、蔬、穀、豆等卷目中諸如此例者還有很多，不俱舉。

與上述《三才圖會》相似，寺島良安《和漢三才圖會》三千餘幅圖版中，亦涉及天文、地理、時令、宮室、器物、身體、衣服、儀制、音樂、藝術、本草等諸多門類，有人物、山水、花鳥、風俗諸多類型；圖版形式有輿圖、略形圖、譜牒、版畫、插圖、圖表、示意圖等種類，繪畫技法亦以工筆線描為主。需要特別提起的則是：寺島良安所刻諸多版畫，人物髮髻、冠帽、服飾、鞋履，街道佈局、宮室、車馬等具有濃厚的江戶時代日本的民俗風情與文化品格。與《三才圖會》相同條目者，絕大部分圖版人物等，皆換做日式穿著打扮，饒有趣味。

第二節　《三才圖會》人物版畫分析──以《人物》卷為中心

因肖像畫側重人物面貌的描寫，因此又被稱為傳神、寫真、寫照、傳寫、留影等，是中國畫中歷史悠久、影響深遠的重要門類之一。《三才圖會》版畫

插圖中，人物畫（肖像畫）或以人物爲中心風俗畫，佔有相當大的比例。其中，本節主要以分析肖像畫爲主。

一、《三才圖會‧人物》肖像畫的內容、類型

《三才圖會‧人物》有十五卷，共載插圖六八二幅。近七百幅插圖中，全部屬於人物畫，其中，卷一至卷「又八」等九卷中，全書屬於人物畫中的肖像畫。卷九、卷十、卷十一中，則分載釋教、道教人物畫，這些人物畫，與前九卷不同，除凸顯人物形象外，絕大部分皆載背景。卷十二至十四爲域外國家、民族甚至神話傳說中域外民族形象，雖爲人物畫，部分圖版亦屬風俗畫。

十五卷人物圖部分，按描繪對象來分，自帝王、將相、名臣，以至仕宦、文人、學者等諸多身份，博涉儒釋道，境內域外兼備，歷史神話兼採。其中，帝王肖像、名人肖像佔九卷篇幅，是人物肖像插圖的主體。

前代帝王像與歷朝名人像部分，由於所描繪對象爲逝去人物，畫師或刻版師無法親眼得見，又缺少可參考的形象史料，只能以文字記載（特別是其中關於面容、形貌、品行、氣質方面）爲主要依據，充分借鑒歷代相面術的基本理論原則，因此肖像圖畫多爲想像之作，其面像特徵緊扣歷史記載或文獻傳承中有關個人性情品德及踐行修爲等方面的特徵，從而這些歷史人物像就出現諸多人物面貌相似、同一人物反而前後面貌有異的特點。

關於「諸多人物面貌相似」，如果仔細觀察《三才圖會》人物前四卷「帝王」部分，我們會注意到，除黃帝、顓頊等傳說人物像外，歷史中實有其人或有明確歷史記載的帝王圖像，文事鼎盛時期的帝王多慈眉善目、廣額薄唇；開國之君或武功顯赫之君，多髯鬚濃密，魁偉威武，除冠帽、髮髻、服飾略有時代差異外，其他基本全同。而諸多將相、名臣、仕宦、文人、學者之像，亦具有此類特點。人物面貌相似的特徵，根源在於古代肖像畫與相術有密切關係。相術對人之五官及髮、鬚、髯有詳細觀察、分析、對比與總結，以預測休咎禍福。因此，相面術就對人物畫特別是肖像畫，產生極其深遠的影響，肖像畫因此也就形成類型化而缺乏個性的缺點，將《三才圖會‧人物》肖像畫與同書《身體》卷七「人相類」部分圖版加以對照，如果只關注人物面貌特徵的話，可以看到諸多共同之處。

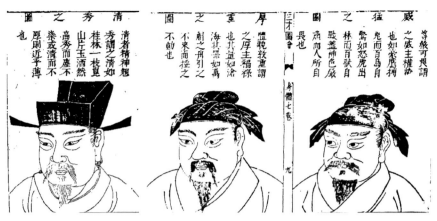

《三才圖會‧身體》卷七「人相類」所載「威猛」、「厚重」、「清秀」圖

　　同一人物面貌有異之特點，諸多學者均注意此問題。單國強先生曾提到：
「這類肖像外貌形體無確定性，同一歷史人物往往呈現多種相貌，南薰殿藏
《歷代聖賢半身像》與宋人《中興四將圖》中的兩個岳飛形象，就很不相同。」
〔註29〕《三才圖會》中孔子兩像，與上述相同。「人物」圖傳部分，一人有二
像者僅孔子一人而已。卷四所載「先聖像」、「先聖別像」兩圖，前者著冠為
正裝標準像，此為歷代太學、國學或各地文廟祭祀之標準圖像；後者無冠、
衣飾亦簡約，似為便裝像或私人像。兩像在眉形、眼部、耳部、面容、髯鬚
皆有差異，這是「形」方面的差別。而「神」方面則相似，這也就是清人鄭績
「寫其人不徒寫其形，要肖其品。何謂肖品？繪出古人平素性情品質也……寫
武侯如見韜略，寫李白則顯有風流，陶彭澤傲骨清風，白樂天醉吟灑脫」之意。

《三才圖會》所載孔子像

　　當朝（明朝）帝王、名人像主要集在卷三、卷八與卷又八部分。其中，帝王像中僅載高祖（朱元璋）、成祖（朱棣）、世宗（朱厚熜）三像。其中，高祖朱元璋像值得注意。關於朱元璋相貌諸多文獻中皆有記載，但據《三才圖會》圖版及諸多畫像，則爲相貌端正，虬髯短鬚，天庭飽滿，器宇軒昂，眼神銳利，衣冠嚴肅，筆法公正，與「五嶽朝天，黑痣盈面」、「姿貌雄傑，奇骨貫頂」既奇又醜之像，有天壤之別〔註30〕；當然，伊佩霞教授曾提到：「貶低太祖皇帝的畫家，把他描繪爲一個醜陋的、臉上長麻子、下巴向外突出的人。儘管有些宮廷收藏的肖像顯示，太祖和其他皇帝一樣英俊，但只有幾幅反映他眞實面貌的英俊畫像保留了下來。」〔註31〕民間及清人對朱元璋極盡醜化之像，又不可全信；而夏玉潤所謂「圓臉俊像是官方、正史的化身，長臉醜像是民間、野史的想像」〔註32〕，則是較爲妥當的概述。

　　相對而言，明成祖朱棣與明世宗朱厚熜畫像與傳世故宮博物院所藏肖像，冠帽、衮服、面容、五官、髯鬚、等方面幾乎全同。據此，王氏父子所採圖版當有所本，其當據宮廷畫師帝王御容像轉刻而成。

《三次圖會》朱元璋像　　　傳世朱元璋像（一）〔註33〕　　傳世朱元璋像（二）〔註34〕

〔註30〕夏玉潤：《漫談朱元璋畫像之謎》，《紫禁城》，2008 年第 5 期。

〔註31〕伊佩霞撰，趙世瑜等譯：《劍橋插圖中國史》，山東畫報出版社 2002 年，第 141 頁。又，張敬偉《朱元璋長相之謎》（《文匯報》，2007 年 12 月 4 日）一文，亦有類似表述。

〔註32〕夏玉潤：《漫談朱元璋畫像之謎》，《紫禁城》，2008 年第 5 期。

〔註33〕此像引自夏玉潤：《漫談朱元璋畫像之謎》，《紫禁城》，2008 年第 5 期。

〔註34〕轉引自伊佩霞撰，趙世瑜等譯：《劍橋插圖中國史》，第 141 頁。

成祖文皇帝像

《三才圖會》朱棣像

傳世朱棣像

世宗肅皇帝像

《三才圖會》朱厚熜像

傳世朱厚熜像

二、《三才圖會·人物》肖像畫的版式與藝術特徵

　　《三才圖會》人物肖像畫大力借鑑明代小說、戲劇版畫插圖的版式，以上圖下文式為基礎，參考並利用諸多版式，下面我們加以分析。

　　左文右圖式。此類圖版在《三才圖會·人物》中所佔比例最高。按照先圖後傳之式排列，閱讀者先有直觀影響，再翻閱傳文文字，據此，插圖目的主要是文字的具體化、形象化，具有文字的補充、印證與強化的功能。金秀

玹曾提到:「一般認爲,上圖下文式插圖本的讀者階層是文化水平比較低、文字解讀能力也比較差的群體。」〔註35〕金氏又引日本著名學者金文京說曰:「五種平話與書名前都冠以『全相』二字……或即因如此,這些平話的上部插圖都很精美,下文字卻都簡略粗糙,錯誤也多……因此『平話』中插圖和文章的關係,與其說是插圖爲輔文章爲主,不如說是正相反,文章是對插圖的解說。亦即這是連環畫。《三國志平話》是最早的三國故事連環畫。」〔註36〕金文京關於《三國志平話》等通俗文學作品「文章是對插圖的解說」、「最早的三國故事連環畫」的觀點,對我們有啓發意義。以《三才圖會》人物肖像畫爲例子,相對於文化層次比較低的人群來說,圖版與傳文同等重要,或者說圖版意義更大一些,如果傳文文字看不明白,至少還有形象化的圖版,一左一右,圖版形象,傳文簡約,圖文並茂,互相對應,頗便觀覽,頗便流通,令人印象深刻。

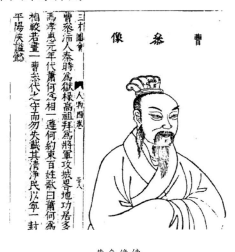 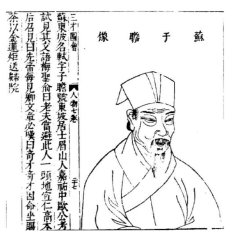

曹參像傳　　　　　　　　　　蘇軾像傳

　　單頁二圖式。《三才圖會·人物》肖像畫中,這種單頁兩圖、傳文或說明統一置後的形式,主要集中在前三卷「帝王」像傳及卷十「六丁六甲直日神將圖」等部分。關於「帝王」肖像畫,《三才圖會》皆按照首列譜牒、次列圖版、傳文殿後的原則排列,因此,各代帝王圖版部分,絕大部分依照朝代爲先、帝王世系排列;三國、南朝、五代等特殊時代,則僅列開國之君或著名

〔註35〕 金秀玹:《明清小說插圖研究:敘事的視野再現及文人畫、商品化》,北京大學博士學位論文,劉勇強指導,2013年。
〔註36〕 金文京:《三國演義的世界》,第70～72頁。

帝王之像。傳文亦按照世系統一排列，此傳文非常簡短，皆據正史內容剪裁而成。據此，鑑於編纂體例與排列原則方面的差異，《三才圖會》靈活採用此種一頁二圖、連續排列的版式。

《三才圖會》曹操、孫權、李世民、武則天等帝王像

《三才圖會》觀音像、直日神將圖

　　單頁滿幅式，即「圖繪佔滿書頁，一面書頁即是一幅完整的畫面；這種插圖的獨立性較高，具有單獨欣賞的價值」〔註37〕。《三才圖會‧人物》還有一頁滿幅載圖的類型，如卷十「蠶神像」。從嚴格意義上講，此圖非肖像畫，而應歸入風俗人物畫行列。另外，《三才圖會》「蠶神圖」主要源自《王禎農書》。此圖最大限度利用版刻空間，左右半頁連續繪同一場景，場面宏大，細節畢現，構圖完整，情節豐富。此類插圖既體現金文京所述「文章是對插圖的解說」、「連環畫」等方面屬性，更體現「版畫」獨立的藝術價值，值得重視。

〔註37〕李明君：《歷代書籍裝幀藝術》，文物出版社 2009 年，第 197 頁。

《三才圖會》蠶神圖　　　　　　　《王禎農書》（清文淵閣四庫全
書本）蠶神圖

　　圖傳合一式。《三才圖會・人物》中，此類圖版內嵌文、佔據半頁篇幅者
亦多，且主要集中於卷十三、十四異國人物圖傳。鑑於所述異國人物線索較
少、記載亦少，王氏父子《三才圖會》編纂過程中，採用圖文合一的方式，
以節約篇幅，節省成本。相比明人蔡汝賢《東夷圖考》等作品，王氏父子將
圖版名稱全部刪除，亦有不當（詳參下圖）。

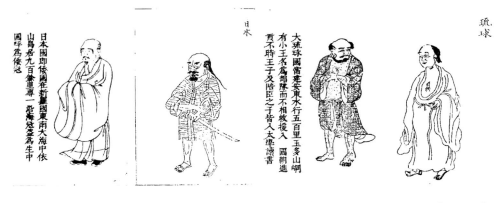

《三才圖會・日本》　　《東夷圖考・日本》　　《三才圖會・大琉球》　　《東夷圖考・琉球》

　　另外，仔細分析有關圖版，此類圖傳合一式版式，仍有如下類型：上圖
下文式，此式根據傳文篇幅，靈活安置圖版位置，典型例證有「包石國」、「吐
蕃」、「小人國」等。左文右圖者，此版式與上述「左文右圖式」類型基本相
同，差別之處在於：前者位於同一半頁，或者說，傳文位於圖版之內；後者

則圖版、傳文各佔半頁，圖版與傳文處於分離狀態。此類例證亦多，另外還有左上文右下圖、左上圖右下文者等版式，可參下圖所示。

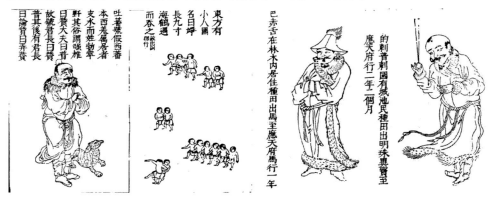

《三才圖會》吐蕃、小人國圖傳　　　　《三才圖會》巴赤舌、的剌普剌國圖傳

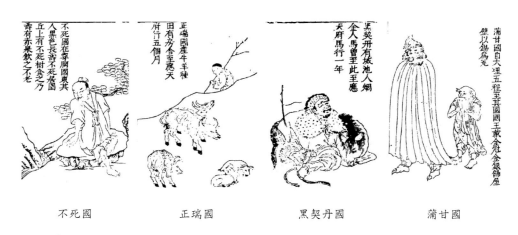

不死國　　　　　　正瑞國　　　　　　黑契丹國　　　　　　蒲甘國

　　《三才圖會‧人物》的藝術特徵，我們擬從表現形式、造型特徵等方面，加以概括。關於表現形式，《三才圖會‧人物》肖像畫及其他人物畫（風俗畫），僅用線條勾勒人物主要形狀特徵，特別是面目、五官等見形傳神的部位描畫為主，無敷色，無透視原理下面部明暗面的處理，因此全部為平面展示，立體凹凸感方面的特徵極其薄弱，明代人物肖像畫的諸多進展、創新並未吸收入《三才圖會》人物版畫中去。《三才圖會》編纂時期，以傳教士為代表的西洋藝術已傳入中國，但影響力尚有限。王氏父子及《三才圖會》畫稿編繪者、版刻者等人，尚未明確透視、光源作用明暗的概念，因此《三才圖會》版畫插圖，不似西洋畫那樣「面面俱到」，僅是平面性展示。

　　關於造型特徵，《三才圖會・人物》不管是肖像畫，還是人物畫，或者風俗畫，其仍以強調人物，特別是人物頭部、面部特徵為主。傳統肖像畫經歷了「從側面到斜側面、最後才是正面描繪的探索過程」〔註38〕。《三才圖會・人物》中，所有的肖像畫均為正面線描，部分便服小像亦以正面取貌為主，但部分釋道、域外人物畫中有斜側面描繪者。另外，正面描繪的這些肖像畫，畫師們對面部造型的精準掌握，與中國古代傳統相術有密切關係。傳統相面術主要通過人體頭部及面部五官的長相、形狀、位置、特徵及五官比例等方面的觀察、分析與總結，預測人的壽夭禍福、貴賤休咎。楊新先生引《寫真古訣》曰：「寫真之法，先觀八格，次看三庭。」元人王繹《寫像秘訣》亦曰：「凡寫像須通曉相法。蓋人之面貌部位，與夫五嶽四瀆，各各部伴，自有相對照處。」《三次圖會・身體》卷七「人相」類恰好收錄相面術圖版數幅，可茲參閱。

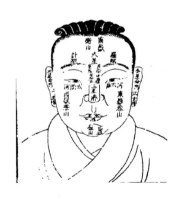

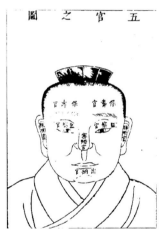

《三才圖會・身體・五星六曜五嶽四瀆之圖》　　《三才圖會・身體・五官之圖》

　　最後，線條描畫達到爐火純青的地步〔註39〕。《三才圖會》各類人物版畫的線條運用，不僅體現於輪廓，而是在於版畫全部皆用線條表達，綜合利用各種形態的線條，直至具有顏色、光景的效果。人物的神情、面容、髮髻、

〔註38〕 楊新：《肖像畫與相術》，《故宮博物院院刊》，2005年第6期。

〔註39〕 宗白華先生在討論中國古代繪畫美學思想時，曾專門提出「以線造型」、「氣韻與邊想」、「骨法」、「以大觀小」四個重要問題加以討論。其中，宗先生將「以線造型」置於首位。參氏撰《中國美學史中重要問題的初步探索》，《文藝論叢》，第六輯，上海文藝出版社1979年。

鬚眉，衣服的質料、色澤、圖案，帽冠的造型、圖案、紋飾等，皆通過線條的粗細、轉折、質感、力度、穿插以及組合展現出來。

　　以武則天、夏原吉、第四羅漢尊者像爲例，我們簡單加以分析。前二者皆爲半身像，我們仔細觀察線條描畫的服飾。圖版人物所著袞服或常服，線條皆多圓潤舒展，轉折處寓圓於方，疏密處表現褶皺，紋飾等皆工整細緻，而夏原吉袖口處，線條平直方折，筆畫遒勁。第四尊者圖版，善用留黑，以展示衣服顏色、內裏，與上衣舒緩飄逸相比，下身所穿裳褲，線條長直，轉折遒勁，線條排列整齊。整體來看，線條圓直並備，疏密有致，善用留黑，既畫出衣服質感，人物神情，又展現人物或睿智，或威嚴，或灑脫的性格特徵。

《三才圖會》中的武則天、夏原吉、第四羅漢尊者像

第三節 《三才圖會》人物版畫與《歷代古人像讚》、《仙佛奇蹤》等圖傳作品

一、《三才圖會》人物畫對《歷代古人像讚》、《新刻歷代聖賢像贊》的參考與借鑑

　　《歷代古人像讚》，一卷，朱天然序讚，明弘治十一年刊刻本。此書爲目前現存最早人物版畫集之一，首載弘治十一年「宗室七十歲翁（朱）天然」序，正文部分匯刻上古伏羲氏至北宋黃庭堅，共計有人物肖像八十八幅。其圖像皆爲半身像，左上側標註人物姓名，右上側列讚。圖版格式爲半葉滿圖

式，圖像後為人物傳文，換言之，其為標準的左文右圖式版畫。《新刻歷代聖賢像贊》，二卷，胡文煥重校，明萬曆二十一年文會堂格致叢書刻本。是書首歷代聖賢人物一九四人，卷上收錄盤古至文中子王通，凡九十三人；卷下載唐高祖至許謙，凡一○一人。其圖版亦為半身像，版式為半葉滿幅式，左側標注姓名，但讚皆置圖版之後，無傳文。

　　下面，我們以齊魯書社《中國歷代人物像傳》所收《歷代古人像讚》〔註40〕、《中國歷代人物像傳續編》所收《新刻歷代聖賢像贊》〔註41〕為據，加以比較、分析。

《歷代古人像讚》「伏羲」、「帝舜」、「夏禹」圖版

《三才圖會》「太昊伏羲氏」、「帝舜有虞美氏」、「夏禹王」圖版

〔註40〕　郭磐、廖東編：《中國歷代人物像傳》，第一冊，齊魯書社2002年，第1～182頁。又，郭氏收錄本將末尾「黃山谷」傳文遺漏，再版時當據補。
〔註41〕　郭磐主編：《中國歷代人物像傳續編》，第一冊，齊魯書社2014年，第1～410頁。

　　上面分列《歷代古人像讚》、《三才圖會》伏羲、帝舜、夏禹等上古時代傳說人物。認真觀察上述三人肖像，我們注意到：伏羲圖髮髻、服飾、手形、執筆形態幾乎完全相同，「畫卦」有微小差異（卦版一為陰刻，一為陽刻；卦符則正好相反，一為陽刻，一為陰刻）。夏禹圖版中，冠帽、鬚鬢、眉目、耳形甚至服飾褶皺亦幾乎全同，雖然服飾有陰刻、陽刻之異，《三才圖會》相關圖版，源自《歷代古人像讚》則可斷定。

《歷代古人像讚》「漢光武」、「蜀先王」、「武則天」圖版

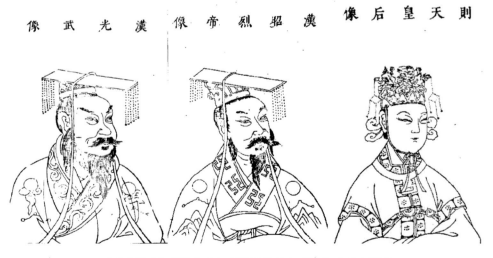

《三才圖會》「漢光武」、「漢昭烈帝」、「則天皇后」圖版

　　我們再來比較《歷代古人像讚》、《三才圖會》兩書中的帝王圖像。漢光武帝、漢昭烈帝冠冕形狀、眉目、鬚鬢、袞服幾乎全同，甚至袞服上日紋、星宿紋等亦同，非正面畫像，而是右前方傾斜大約45度角；其中，以光武帝

像為例，《三才圖會》與《新刻歷代聖賢像傳》形神同一度更高；《新刻歷代聖賢像傳》所載劉備像與《三才圖會》相似，名稱亦同。同樣，武則天鳳冠雖略有差異，但形狀仍同，其面貌之細眉、鳳目、小口甚至袞服細部等方面，皆淵源有自，即便是王氏父子插圖中，未表現雙手交叉、袖口形象，《三才圖會》源自《歷代古人像讚》當無異議。與此類似者還有隋文帝、唐玄宗、李後主、宋太祖諸像等，例多不俱引。

另外，筆者還將兩書中孔子、諸葛亮、郭子儀等名人像列於後，除陰刻、陽刻之異外，兩書所載人物冠冕、五官、髯鬚、服飾等幾乎全同，而兩幅孔子圖像中，袖口、手形亦同，完全可以證實王氏父子據《歷代古人像讚》刊刻有關圖版的事實。

《歷代古人像讚》「孔子」、「諸葛亮」、「郭子儀」圖版

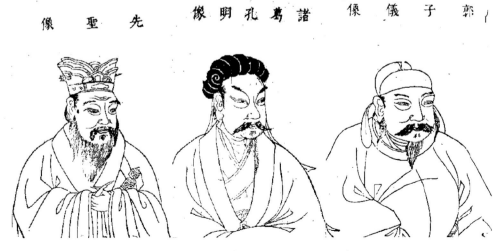

《三才圖會》「先聖」、「諸葛孔明」、「郭子儀」圖版

　　最後，我們將以上兩書圖版，再與胡文煥刻本《新刻歷代聖賢像贊》相比較，我們注意到：胡刻本《新刻歷代聖賢像贊》與弘治本《歷代古人像讚》明顯有傳承關係。以上所引圖版，二「像贊」幾乎全同，讚文則完全不同。另外，胡文煥《聖賢像贊序》亦提到：「聖賢像贊一書，孫公贊而梓之……不佞敢以重梓之意，聊爲述曰……。」〔註42〕據此，胡氏所據底本爲《聖賢像傳》，讚文者爲「孫公」，文字內容與朱天然完全不同。

　　據此，筆者懷疑明代流傳《像讚》一書，人物插圖部分幾乎全同，僅不同刻工技藝熟稔程度不同，而略有差別。諸多人曾收藏此書，且加讚文，其中，朱天然讚文者，弘治時期刊刻而成，且流傳至今；另外一本《像讚》，則由「孫公」讚文，明代中期刊刻流傳，後來胡文煥據以重校，圖讚分離出版，亦爲典型左文右圖版式〔註43〕。

　　與《三才圖會》對照時，我們還注意到：袞服孔子之像，《新刻歷代聖賢像贊》名曰「孔司寇像」，三書所載幾乎全同；而《三才圖會》中所謂「便服孔子像」，《歷代古人像讚》無，而《新刻歷代聖賢像贊》中則載〔註44〕。除陰、陽刻之別外，髮髻、五官、髯鬚、服飾、手形等皆相似，可以判定同出一源。除此之外，《新刻歷代聖賢像贊》所載「項王羽像」〔註45〕、「韓新義公擒虎像」〔註46〕、「郭汾陽王子儀像」〔註47〕、「宋太祖像」〔註48〕、「元世祖像」〔註49〕、「趙文敏公松雪像」〔註50〕等，皆與《三才圖會》相同。另外，仔細比對兩書圖傳條目、順序，《三才圖會》與《新刻歷代聖賢像贊》亦有諸

〔註42〕胡文煥：《聖賢像贊序》，載《新刻歷代聖賢像贊》卷首，收錄於郭磐主編：《中國歷代人物像傳續編》，第 3 頁。

〔註43〕案，胡氏《序》有言曰：「上、下二卷者，次減小而像、贊各居一葉故也。像則無論其背、向一居於左，而贊則右焉。是贊緣像中生也，仍各列於半板者，免錯綜之涸、掀揭之勞也。」據此，齊魯書社《中國歷代人物像傳續編》所載《新刻歷代聖賢像贊》一書，從影印版式、分頁上看，完全違背胡文煥《序》文所謂「像左贊右」、「免錯綜之涸、掀揭之勞」（即：右圖左贊屬同一人，免卻翻檢之勞）之意。

〔註44〕胡文煥：《新刻歷代聖賢像贊》，郭磐主編：《中國歷代人物像傳續編》，第 77 頁。

〔註45〕胡文煥：《新刻歷代聖賢像贊》，第 99 頁。

〔註46〕胡文煥：《新刻歷代聖賢像贊》，第 199 頁。

〔註47〕胡文煥：《新刻歷代聖賢像贊》，第 245 頁。

〔註48〕胡文煥：《新刻歷代聖賢像贊》，第 289 頁。

〔註49〕胡文煥：《新刻歷代聖賢像贊》，第 385 頁。

〔註50〕胡文煥：《新刻歷代聖賢像贊》，第 405 頁。

多相同之處，如兩書所載。總體來看，《三才圖會》與《歷代古人像讚》、《新刻歷代聖賢像贊》等皆有淵源關係，王氏父子人物圖版，似以胡刻本《新刻歷代聖賢像贊》為主要借鑑對象，並與弘治本《歷代古人像讚》核對，擇善而從，這是需要特別注意的地方。

《三才圖會・先聖別像》

《新刻歷代聖賢像贊・孔子像》

《三才圖會・趙則平像》

《新刻歷代聖賢像贊・趙普像》

《三才圖會・元世祖像》
〔註51〕

《新刻歷代聖賢像贊・元世祖像》

〔註51〕 又，《三才圖會》所載元世祖像，與明萬曆十二年益藩刻本《君臣圖鑑》具有眾多相似點。《君臣圖鑑》之圖，轉引自徐小蠻、王福康：《中國古代插圖史》，第286頁。

二、《三才圖會》人物畫對《仙佛奇蹤》、《繪圖三教源流搜神大全》
的借鑑

《仙佛奇蹤》，一般著錄為四卷，卷首一卷，明人洪應明撰，筆者擬以廣陵古籍刻印社影印明月旦堂刻本《仙佛奇蹤》為參閱對象，擬從目次、圖版、傳文等方面加以論述。

月旦堂刻本《仙佛奇蹤》共八卷，卷一、卷二、卷三為仙事，主要記載老子至魏伯陽等道教諸仙四十六人；卷五至卷七為「佛事」，主要收錄釋迦摩尼至鶴勒那釋教諸祖十七人、菩提達摩至法明和尚東土諸宗師三十七人。卷四、卷七分別為「長生詮」、「無生訣」，作為附錄。

首先，我們先比較《三才圖會》與《仙佛奇蹤》兩書的目次、順序情況。《仙佛奇蹤》誤將師子比丘尊者置前，且闕載十八羅漢尊澤像贊。

		《三才圖會·人物》	《仙佛奇蹤》
釋	卷九	釋迦牟尼佛圖、三十三祖圖（至二十六祖不如密多尊者）	卷五
		三十三祖圖（自菩提達摩開始）、布袋和尚圖	卷六
		十八羅漢尊者圖	無載
道	卷十	白衣觀音、南海觀音、觀音大士、真武、梓潼、魁星、六丁六甲直日神將、蠶神	無載
		老子、東王公、西王母、赤松子、廣成子、彭祖、青鳥公、鐵拐、王子喬、尹喜、李八百、丁令威、鬼谷子、劉越、太山老父、白石生、安期生、東方朔、鍾離權、馬成子	卷一
		劉晨	卷一
		魏伯陽	卷三
	卷十一	韓湘子、黃野人	卷一
		張道陵、蕭史、梅福、黃初平、費長房、藍采和、麻姑仙、呂巖、孫登、左慈、曹國舅、許遜、何仙姑、張果老	卷二
		司馬承禎、王質、陶弘景、裴航、孫思邈、譚峭、許宣平、軒轅集、陳摶、雷本、馬湘、張栢端、李鼻涕、陳楠、莫月鼎、馬鈺、張三丰	卷三

以《三才圖會》為例，《仙佛奇蹤》無黃野人、韓湘子等條目，青鳥公、彭祖等條倒置，呂巖（純陽）、孫登、麻姑及釋教二十四祖師子比丘尊者、二十四祖般若多羅尊者等條，次序錯置。同時，《三才圖會》中釋教二、三、五、六、十、十一、十五、二十一、二十二、二十五等祖師，道教太山老父、黃

安、劉玄英、浮丘伯（以上卷十）、麻衣子、葛玄、張志和、爾朱洞、葛長庚
（以上卷十一）等諸多條目，《仙佛奇蹤》皆未載。相較而言，《三才圖會》
亦有疏漏。《仙佛奇蹤》中「慧能大師」之後，「破灶隨和尚」、「法融禪師」、
「寒山子」（卷六大部、卷七全部）等諸多禪宗高僧，皆未選載。相較而言，
《三才圖會》釋道條目、順序也與《新編連像搜神廣記》、《繪圖三教源流搜
神大全》等作品有明顯的差別。

　　其次，我們再來比較兩書圖版情況。佛教宗師方面，仔細比較《三才
圖會》與《仙佛奇蹤》所載釋迦摩尼像〔註52〕，我們會發現兩圖五官、衣
飾、坐姿、手勢以及銅鼎、淨瓶、蒲團等諸多方面，幾乎完全相同。又如
兩書所載之優婆鞠多尊者〔註53〕，人物之髮眉、神情、動作、服飾、手勢、
袖口，圖書、包裹、蒲團，周邊之草、木、山、石、岸、雲等形象完全相
同，山、石、雲朵之皴法、線描手法等亦同。又如兩書所載「迦毗摩羅尊
者」〔註54〕，除上述內容之外，兩本所繪「蟒蛇繞身」形象，蟒蛇頭吻、
眼睛、眼神、身形、動作皆相同，惟妙惟肖，活靈活現，體現較高藝術技
巧。「僧璨大師」〔註55〕圖版中，鶴舞、經卷、桌燈、欄杆、樹木形象亦同。

《三才圖會》、《仙佛奇蹤》中所載「釋迦摩尼像」、「优婆鞠多尊者」

〔註52〕　王圻：《三才圖會》，第653頁；洪應明：《仙佛奇蹤》，廣陵古籍刻印社1993
　　　　　年，第187頁。
〔註53〕　王圻：《三才圖會》，第655頁；洪應明：《仙佛奇蹤》，第193頁。
〔註54〕　王圻：《三才圖會》，第659頁；洪應明：《仙佛奇蹤》，第205頁。
〔註55〕　王圻：《三才圖會》，第668頁；洪應明：《仙佛奇蹤》，第227頁。

《三才圖會》、《仙佛奇蹤》中所載「迦毗摩羅尊者」、「僧璨大師」

　　道教諸仙方面，我們亦舉例分析。如兩書中老子像（一名老君，一名太上老君〔註56〕），人物髮鬚、服飾、汗墊，牛之身形、動作、尾形，松樹之葉鬚、枝幹、花草完全相同，僅在牛蹄形狀、石崖皴染、陰陽版刻方面略有差異，這些差異皆因畫稿、雕工技法、版刻以及印刷差異所致，兩圖應該也是同出一源。又如「麻姑」像〔註57〕，相對而言，《三才圖會》圖版必源自《仙佛奇蹤》，且做了一些簡化，將《仙佛奇蹤》圖版左上、右上角之山石水草以及右下角之經卷、圓盒等，皆略而不載，花籃、鬲甚至鬲中煙氣等描摹逼真，更勝一籌。

　　總之，從圖版來看，《三才圖會》釋道宗師、仙人諸圖，必據《仙佛奇蹤》插圖轉刻而來，當無異議，只是王氏父子編纂及刻工刊刻過程中，既有刪減，亦有小改。從藝術價值角度來看，《三才圖會》能得其仿佛，略具神韻，雖稍遜風騷，仍具有重要價值。

《三才圖會》、《仙佛奇蹤》中的「太上老君」、「麻姑仙人」

〔註56〕 王圻：《三才圖會》，第 687 頁；洪應明：《仙佛奇蹤》，第 1 頁。
〔註57〕 王圻：《三才圖會》，第 707 頁；洪應明：《仙佛奇蹤》，第 71 頁。

　　《三才圖會》、《仙佛奇蹤》部分圖版，還與元秦子晉《新編連像搜神廣記》〔註58〕、明萬曆二十一年刻本《新刻出像增補搜神記》〔註59〕、明刻本《繪圖三教源流搜神大全》〔註60〕等圖傳作品有相似之處。我們以明刻本《繪圖三教源流搜神大全》爲例，略舉數例加以說明。如《三才圖會‧人物》卷十一張道陵像〔註61〕，如果比較三書圖版，我們會注意到：三書雖然人物朝向、山石、草木、星宿、衣服邊飾（二爲紋飾，《三教搜神大全》則爲黑邊）、所居處所（如《三教搜神大全》位於室內地板，其他兩者位於山間石坡）甚至雲朵形象等方面略有差異，但道陵髮眉、髭鬚、服飾、神情、動作方面仍有諸多共同之處，說明三者之間當有淵源關係。又如，《三才圖會》、《繪圖三教源流搜神大全》皆有梓潼帝君圖傳，仔細比較兩圖，梓潼帝君居中間位置，其巾幀、髭鬚、五官、神情、手型、服飾、動作以及身後童子的數量、動作以及髮眉、手型、服飾、如意、表情等諸多方面，幾乎全同。

《三才圖會》、《仙佛奇蹤》及《三教搜神大全》中的「張道陵像」

〔註58〕 元至正年間建安書坊刻本。上海古籍出版社影印本《繪圖三教源流搜神大全》（附錄一種）1990／2012 年曾出版。筆者撰寫此部分時，又參孔麗娜《元刻〈新編連像搜神廣記〉諸神故事來源考》（陝西師範大學碩士論文，周曉薇教授指導，2006 年）一文。

〔註59〕 明萬曆二十一年金陵唐氏富春堂刻本，又收錄於「續修四庫全書」第 1264 冊，可參。

〔註60〕 案，筆者所據底本爲葉德輝宣統元年郎園影明刻本（上海古籍出版社 1990／2012 年曾影印出版，並附道藏本《搜神記》、元刻本《新編連相搜神廣記》）。葉德輝《重刊繪圖三教源流搜神大全序》中提到：「圖像則一再細勘，無累黍之失。是書之復顯於世，眞大幸矣。」據此，葉氏影明本圖版部分，與原書全同，完全再現明本原貌。又參賈二強：《葉覆明刻〈三教源流搜神大全〉探源》，載《古代文獻研究集林》，第二集，陝西師範大學出版社 1992 年。

〔註61〕 王圻：《三才圖會》，第 703 頁；洪應明：《仙佛奇蹤》，第 49 頁；明佚名：《繪圖三教源流搜神大全》，上海古籍出版社 1990 年，第 319 頁。

《新編連像搜神廣記》、《繪圖三教源流搜神大全》、《三才圖會》「梓潼帝君」

　　據上文所述，筆者的判斷是：《三才圖會》釋道諸像部分，以《仙佛奇蹤》、《繪圖三教源流搜神大全》爲主要採圖對象，並與元刻本《新編連像搜神廣記》、明萬曆年刻本《新刻出像增補搜神記》有明顯淵源關係〔註62〕，王氏父子是否直接參閱此「搜神廣記」、「搜神記」兩書，尚無法確定，存疑待考。

　　最後，在構圖框架一致的情況下，圖版出現的添枝加葉、減免刪削等方面差異，甚至同一對象畫稿皴法、版刻刀法，亦有差異，這充分體現了圖版母題、架構不變的前提下，畫師移動粉本作畫、刻工據稿本雕版、微調以及印刷工人著色、印刷以及後期的加工等工作中，有關模塊化操作與排列組合的重要性〔註63〕。

〔註62〕　賈二強先生曾提到，「按其體式、諸神次第及文字異同，(《新刻出像增補搜神記》)當源出元本《搜神廣記》」，「《搜神大全》前三卷半五十七神全同《搜神廣記》，不惟神名、編次、體式相同，至元人語氣如『聖朝』等亦一仍其舊。故《搜神大全》原本《搜神廣記》當無疑問」。參氏撰《葉覆明刻〈三教源流搜神大全〉探源》，載《古代文獻研究集林》，第二集。

〔註63〕　德國漢學家雷德侯在《萬物：中國藝術中的模件化和規模化生產》(張總譯，黨晟校，三聯書店 2012 年) 一書中，根據構圖與細節方面的差異，將《十王圖像》分出 A、B、C 三組，進而提出此圖版模塊化生產的特色。參氏撰《萬物》第七章「地獄的官府風貌」，第 221～247 頁。又，借鑑雷德侯先生之論，「插圖版畫的模塊化生產」是非常重要的選題，筆者擬單獨撰文，再做詳述。

第四節　《三才圖會》中的科普與藝術插圖

　　科普插圖，即以繪畫手段爲科普或科學讀物作有選擇的形象解釋與補充說明，以便於觀眾理解，增強作品感染力。科普插圖對於普及文化，學習知識，增長見識，開闊視野均具有重要作用。藝術類插圖眾所周知，此處不再論列。《三才圖會》中載有大量科普與藝術類版畫插圖〔註64〕，本節加以分析。

　　需要說明的是：鑑於中國科技史的獨特性，以《三才圖會》所載插圖爲例，此處所指「科普插圖」包括天文、地理、農業、技術、時令、宮室、器物、冠服、軍事、禮制、本草等諸多領域；所謂「藝術插圖」，除琴、棋、書、畫之外，還包括遊戲、音樂、修身、經典、迴文詩等諸多門類。

　　據前文所述，《三才圖會》中諸多科普與藝術插圖，多源自元《王禎農書》、宋唐慎微《證類本草》、明徐一夔《明集禮》、明張大命《太古正音琴經》等各類科技史、藝術史文獻，但王氏父子編纂《三才圖會》過程中，文稿的編寫、畫稿的臨摹製作、版刻工人雕刻上版、印刷工人上色印刷之時，皆根據操作的實際情況，做或多或少的局部調整，並不因爲圖有淵源而降低價值，反而因《三才圖會》加以匯總編刻，以氣象萬千之境，洋洋大觀之勢，給歷代讀者留下極其深刻的印象，對後世版畫插圖及類書創作均產生深遠影響〔註65〕。

一、科普與藝術插圖的種類與內容

　　如上所述，「科普插圖」廣泛涉及天文、地理、農業、技術、時令、宮室、器物、冠服、軍事、禮制、本草等諸多領域，因此種類與內容更加豐富多彩。《三才圖會·天文》卷內，插圖即包括周天圖、星宿圖、分野圖、星象圖、天地儀圖、日圖、月圖等諸多種類。同樣，「地理」卷所載科普插圖，除數量巨大的中外各類輿圖外，還有標有地名的「導遊圖」〔註66〕、城市圖、地區圖、貢道圖，歷代田制圖、城鄉圖、少數田土類型圖、水利設施圖等等，其類型則涉及地圖、準地圖、版畫、示意圖等諸多類型。

〔註64〕　案，此節所述科普插圖中，本草類插圖筆者不再論述，可參前後兩章的有關論述。

〔註65〕　清代陳夢雷所纂《古今圖書集成》、日本醫學家寺島良安《和漢三才圖會》等作品，均大量節選《三才圖會》圖版，大力借鑑《三才圖會》傳文，即是最好例證。

〔註66〕　案，圖版皆爲山水畫性質的插圖，諸多山水插圖中皆標有地名、山峰名、河流名等，筆者用「導遊圖」概括，雖不甚恰當，但比較形象。

　　與農業直接有關的圖版極多，類型豐富，涉及整田、灌溉、播種、修理、收割、晾曬、加工、儲藏等諸多方面，且主要分佈於《三才圖會》「地理」卷十六、「器用」卷十、卷十一等。其體裁主要以線描工筆人物風俗畫、結構示意圖等為主。《三才圖會》中器物、宮室、兵器、本草類插圖，與上述農業插圖相似，皆為線描類型的風俗版畫，本草類雖近工筆花鳥，但獨特繪畫與版刻工藝決定了此類仍屬於版畫範疇，而非花鳥畫（上述「地理」卷數量巨大的山水插圖，仍屬科普插圖，而非山水畫，與此類似）；兵器、拳法、棍法等均屬於科普插圖，筆觸洗練簡約，線條流暢圓潤，惟妙惟肖。

　　陣法、儀制、身體諸圖，雖名曰「圖」，其實皆屬於示意圖式。如陣法諸圖，《三才圖會》編纂者用圓圈圖例標示士兵，圓圈的方位、位置、距離，圓圈與旗幟組合而成的線條勾連、相對位置、陣法形狀、圖中文字標示等，共同組合而成陣法圖。與此類似，下述「儀制」卷各示意圖，以帝王「御座」為中心和核心，按照身份、品級、等級確定其他皇室、貴族、官員的排序、位置，陳設或祭祀物品的位置、排序等。有關線條、方框以及文字等，用以說明位置、序列、朝向等注意事項。

　　「身體」部分除少數「臟神」為線描神禽、神獸圖外，大部分則屬於身體結構、解剖、臟器、部位等示意圖，另外還配有餅圖、表圖、線圖以及簡式、花式等示意圖。與上述圖版類似的還有「時令」四卷諸圖。「時令」卷中純粹表格式示意圖較多，如《天地始終消息圖》、《甲子等六十年神方位之圖》、《天運星煞直日之圖》、《天運星煞直時旁圖》。另外，此卷餅圖、方形圖、多邊形、菱形圖、花式圖、曲線式等示意圖亦多，各具特色。

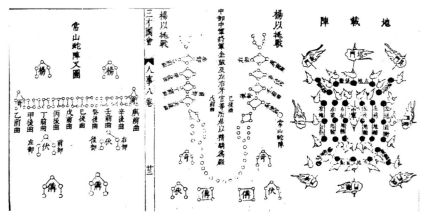

《三才圖會》所載諸陣法圖

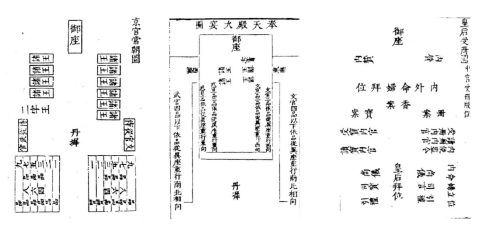

《三才圖會》儀制圖（京官常朝圖、奉天殿大宴圖、皇后受冊圖）

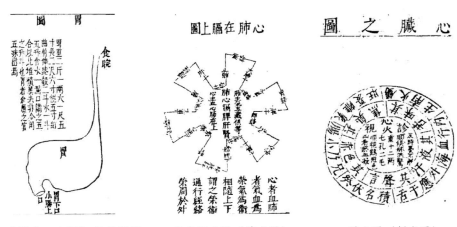

《三才圖會·身體》所載胃圖　心肺在膈上圖（花式圖）　心臟之圖（餅式圖）

（解剖圖）

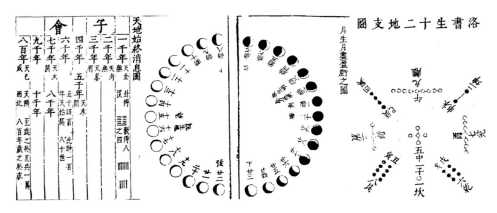

《三才圖會·時令》所載表格、圓形、花式等示意圖

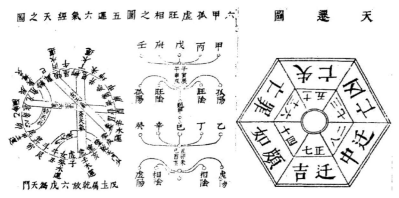

《三才圖會‧時令》所載花式、曲線式、多邊形等示意圖

　　《三才圖會》所載「藝術插圖」，包括藝術、文學（包括文獻）兩個門類〔註67〕，下面亦簡約加以介紹。《三才圖會》琴、棋、書、畫等古代藝術門類之圖極多，主要集中於「器用」卷三、四及「人事」卷一至卷六、卷九、卷十等卷次。琴棋書畫為古代「文人四友」，是中國傳統文人必備的雅好與基本技能。

　　「琴」不僅包括古琴、琴譜，樂、舞等亦應涵蓋在內。其中，「人事」卷一「鼓琴圖」饒有特色，作者採用左禽蟲造型以對應右側手形的獨特形式，形象表現鼓琴的手勢造型、鼓琴技巧。「器用」卷三、卷四為「樂器」、「舞器」圖傳，絕大部分皆採用攝影描形之法，線條勾勒諸器形狀。「人事」卷九雖亦屬「音樂」，但其主要從「禮儀」、「儀制」角度來分析，其圖傳與內容，除涉及律呂者之外，其他諸如奏樂、舞蹈圖（其樂器種類、排序、位次，舞者組成、方位、序列等，皆非尋常私人舞樂，而屬於正式場合禮制之用），皆應歸入上述「科普插圖」之儀制類較為妥當，此處不再論列。

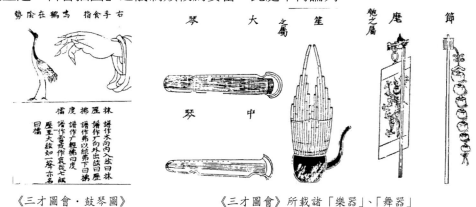

《三才圖會‧鼓琴圖》　　　　　《三才圖會》所載諸「樂器」、「舞器」

〔註67〕亦即當下學術界所謂「文藝」概念。

　　《三才圖會》所謂「棋」，即日常娛樂中的遊戲、遊藝門類。其中「人事」卷一之象戲（即象棋）圖、圍棋圖等插圖，皆為「棋譜」，其皆採用棋盤網格式樣，用黑白色圓圈標示棋子，方格相交處為落子位置，方格內文字皆為棋子或位置標示，流傳至今的各類棋譜，皆採用此式示意圖標示。

　　另外，與象棋、圍棋相似，「打馬」為古代著名的棋類博戲之一（與現代的飛行棋類似，但更加複雜），其採用棋盤網格式亦屬正常，其所用棋盤、棋子、色子、鋪盆等器具，具體遊戲規則，勝負標準等方面，皆賴圖版方可了解一二〔註68〕。而「除紅」〔註69〕亦為古代擲色博戲之一，所附圖版亦有趣味。

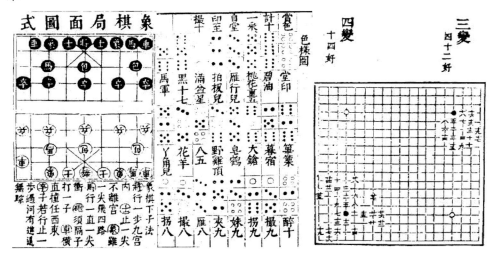

《三才圖會》中象棋譜、打馬圖（色樣圖）、圍棋圖

　　古代「文人四友」中「書畫」，亦即當下藝術領域中書法、繪畫的範疇。我們首先看「書法」部分，「人事」卷三分別有「永字八法」、「變化七十二勢」皆屬於書譜或字帖起始部分，為初學者所提供的書法示意圖，此與前述諸示意圖性質、構圖、架構皆有不同，其以中國漢字及漢字的筆畫、偏旁、部首展示為主，這種展示主要以傳統文房用具毛筆書寫為核心，與當下流行的硬筆書寫或硬筆書法有極大差別。

〔註68〕參林友標、王頲：《宋代打馬遊戲考》，《體育文化導刊》，2011年第2期。
〔註69〕見《三才圖會‧人事》卷六「畫草蟲圖」之後。

《三才圖會》永字八法、變化七十二勢、草訣百韻圖圖版

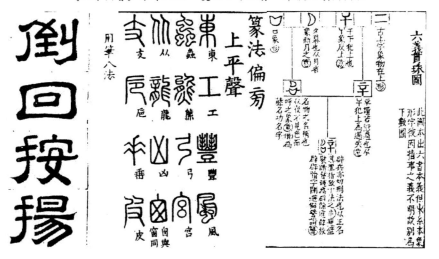

《三才圖會》（隸書）用筆八法、篆法偏旁、六義貫珠圖圖版

　　《三才圖會》所載繪畫類插圖數量亦多，門類豐富，與後世《芥子園畫譜》等有異曲同工之妙。「人事」卷四所載「畫法圖」，皆屬人物畫範疇。所涉及人物畫中，不僅有頭像、半身像，更有全身像，雙人像、群體像等。值得注意的是：這些人物插圖，與後世《芥子園畫譜》類似，皆為人物像的分類匯編，人物圖技法技巧的展示，因此諸多圖像，構圖完整但線條簡約，母題相同但無背景，這恰好印證了德國漢學家雷德侯先生如下觀點：「業餘愛好者也能夠用這些母題拼湊出完整的構圖……以此方式有可能解析文人的畫作

並將齊整的構成元素匯編爲圖譜——再次證明模件系統是多麼適合於中國人的思維方式」〔註70〕；「（鄭燮等）創製了數量龐大、難以勝計的作品，而他們之所以能夠做到這一點，即在於利用了構圖、母題和筆法的模件體系」〔註71〕。據此，此類便於初學、模塊教學、技法展示類的人物圖譜，與《三才圖會・人物》肖像人物版畫等技法、筆法以及目的、功用皆有不同。

　　《三才圖會》「人事」卷五、六爲工筆花鳥畫的分解與技法展示。其中，「皴石法圖」，正如名稱所示，重點展示中國畫典型技法「皴法」的有關情況，畫竹圖、畫梅圖、寫翎毛圖（即花鳥圖）、畫草蟲圖（亦即花鳥畫範疇）等諸多畫譜皆爲繪畫啓蒙而作，屬於繪畫教材〔註72〕，與明末吳發祥《蘿軒變古箋譜》〔註73〕、胡正言《十竹齋書畫譜》〔註74〕、清代《芥子園畫譜》等有異曲同工之妙。雖然《十竹齋書畫譜》等爲餖版套印、畫工精良、雕工精細、刷印精緻，但《三才圖會》有關畫譜以技法解析、筆法匯總爲主，且刊刻在前，意義更大。

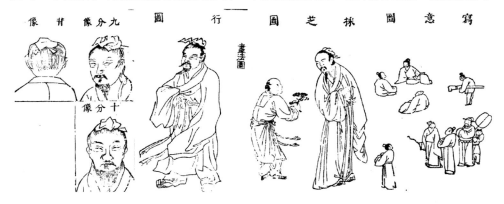

《三才圖會》載半身像、全身像、群體像

〔註70〕 雷德侯：《萬物》，第 269 頁。

〔註71〕 雷德侯：《萬物》，第 280 頁。

〔註72〕 王伯敏先生提到：「《十竹齋書畫譜》是一部帶有教材性質的畫譜，作爲較有系統的整理繪畫的方法來說，也有一定價值。而事實上，也正是它影響並促進了清初《芥子園畫傳》的編刻和印行。」參氏撰：《胡正言及其十竹齋的水印木刻》，《東南文化》，1993 年第 5 期。

〔註73〕 明天啓六年餖版、拱花彩色套印本。參朱仲嶽：《漫話〈蘿軒變古箋譜〉與〈十竹齋箋譜〉》，《中國歷史文物》，2002 年第 2 期；沈之瑜：《跋〈蘿軒變古箋譜〉》，《文物》，1964 年第 7 期。

〔註74〕 明天啓七年原刊初印彩色套印本。鄭振鐸先生《中國版畫史序例》中提到：「十竹齋所刊《畫譜》、《箋譜》，纖妙精雅，曠古絕倫，實臻彩色版畫最精至美之境，已躋彩色版畫至高之界。」

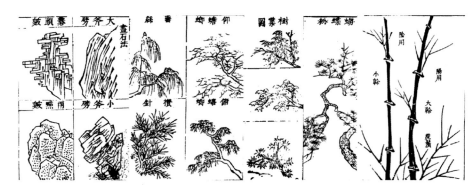

《三才圖會》「畫石法」、「樹枝法圖」、「樹葉圖」、「蝴蝶松」、「畫竹圖」

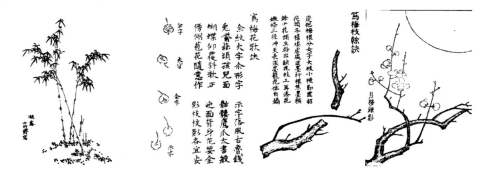

《十竹齋箋譜·凝露》〔註75〕　　　　　《三才圖會》畫梅圖（部分）、「月影疏影」

《十竹齋書畫譜》
〔註76〕書影

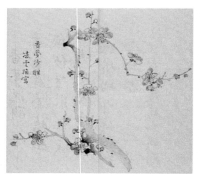

《十竹齋書畫譜·梅譜下·疏
影橫斜》

《十竹齋書畫譜·香夢沙酊》

〔註75〕轉引自朱仲嶽：《漫話〈蘿軒變古箋譜〉與〈十竹齋箋譜〉》，《中國歷史文物》，
　　　　2002年第2期。
〔註76〕案，此為嘉慶二十二年芥子園重刊胡氏彩色套印本。

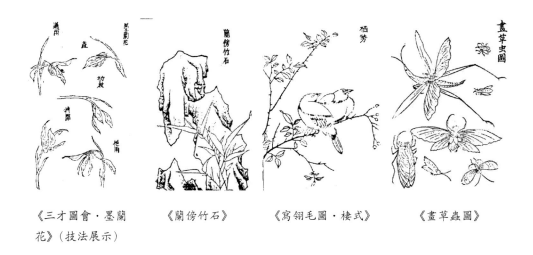

《三才圖會·墨蘭　　　《蘭傍竹石》　　　《寫翎毛圖·棲式》　　　《畫草蟲圖》
花》（技法展示）

　　除了純粹藝術學科的插圖外，《三才圖會》中還有文學與文獻插圖，這些插圖亦有特色，值得大書特書。

　　「文史」卷一至卷三部分，以較大篇幅備列《易》、《詩》、《書》、《禮記》、《周禮》、《春秋》等六部經典的圖傳〔註 77〕。而其中所載圖版，涉及卷目、凡例、正文、篇目、典故等諸多方面。其中《易經》、《尚書》部分以卦象、「洪範」等方面圖版為主；《詩經》、《禮記》、《春秋》等部分插圖較少，而主要以各類統計表格（還有插圖表格合一的「花式統計表」）為主，特別是《春秋》一書，其以《春秋二十國年表圖》這種「表格」體，將《春秋》所述年代、國家，利用插圖、表格、花式表格等諸種形式，頗便於掌握經典作品的體例、讀法、重點與核心等方面信息。其插圖圖形有卦式、方形、長方形、圓形、花式、線式、表格、花式表格等諸多類型。《伏羲六十四卦次序圖》等圖版還採用陰刻、陽刻混一之法，更加形象地表現有關內容。

〔註77〕　相較而言，明末章潢的《圖書編》，經典文獻圖傳置於首尾，且內容更多、體量更大，以凸顯經典、禮制的重要地位，可參。

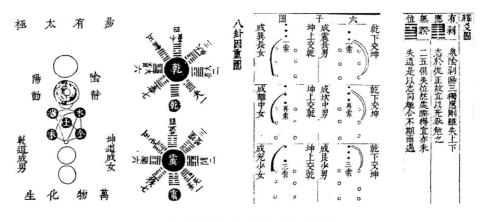

《三才圖會》中《易》類諸種插圖

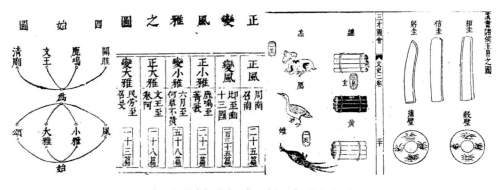

《三才圖會》《詩經》、《尚書》諸類插圖

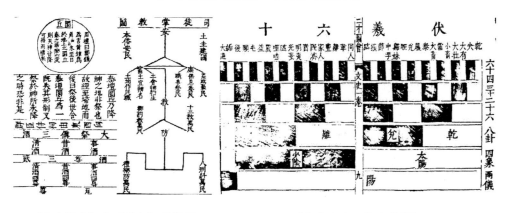

《三才圖會》中《禮記》諸插圖　　　　《伏羲六十四卦次序圖》

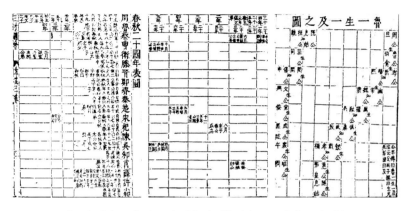

《三才圖會・春秋二十國年表圖》（表頭、局部、表尾）

「璇璣圖」、迴文詩、《詩餘圖譜》等皆屬於古典詩歌的純粹文學範疇，王氏借鑑有關詩譜、詞譜，採用一種獨特形式體編排。特別值得注意的是：王氏父子將張綖《詩餘圖譜》一書，全部照搬、編纂進自己的《三才圖會》中，僅將編纂者姓名等信息全部挖去，雖闕君子之風，且有掠美之嫌，但其完整再現《詩餘圖譜》一書，爲《詩餘圖譜》提供新的參考版本，這是值得稱道的。當然，王氏父子所參爲嘉靖初刻本，還是萬曆兩重刻本〔註78〕，則需要進一步研究和探索。而書中採用「○」（平聲）、「●」（仄聲）、「◒」（平而可仄）、「◓」（仄而可平）等諸多符號，標示詞中文字聲韻情況，爲歷代詞譜所延續。

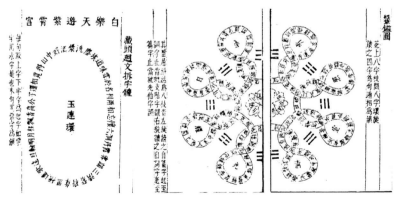

《三才圖會》所載花式迴文詩圖版

〔註78〕 詳細版本信息如下：嘉靖十五年刻本（台灣國立圖書館藏），萬曆二十七年謝天瑞《新鐫補遺詩餘圖譜》本（「續修四庫全書・集部」有載），萬曆二十九年游元涇《增正詩餘圖譜》本。又，「四庫全書存目叢書」所收「汲古閣詞苑英華」刻本（即明末王象晉刻本），晚於《三才圖會》刊刻時間，暫未列入。參張仲謀：《張綖〈詩餘圖譜〉》，《文學遺產》，2010 年第 5 期。

詩餘圖譜上

上西樓一名相見歡　前段四句三韻十八字　後段四句二韻十八字　首句六字平韻起　二句三字起句六字　三句六字平叶　四句三字平叶

詞　泰泉
江頭綠暗紅稀燕交飛忽到當年行處恨依依○灑清淚嘆人事與心違瀟酌玉壺花露送春歸　陸放翁

三才圖會【文史三卷】　三六五

長相思　前段四句四韻十八字　後段同前　首句三字平韻起　二句三字平叶　三句五字平叶　四句三字平叶
蘋蒲溪柳遠堤相送行人溪水西歸時塢月低○煙霏霏雨妻妻重倚朱門聽馬斷寒鴉相對晴　張子野

詞別意

醉太平　前段四句四韻十九字　後段同前　首句四字平韻起　二句四字平叶　六字平叶　六字平叶

《三才圖會‧詩餘圖譜》圖版

關於插圖版式方面，《三才圖會》六千餘幅版畫插圖，幾乎涵蓋了明清時期所有版式。具體而言，有上圖下文、上文下圖、上下兩圖、左文右圖、側文半圖、方格插圖、不規則插圖、半葉數圖、半葉滿幅、合頁連式、數頁橫卷、主副式、整體局部式、譜牒式、表格式、圖表混排式。而圖版款識部分，則包括圖名、標題（有橫排式、直排式、不規則）、題詩、傳文、注文等諸種類型，詳細內容請參如下各圖：

《三才圖會》插圖款識格式（西湖圖、民社圖、大轎、杌、橙）

二、藝術插圖淵源考──以《鼓琴圖》、「梅譜」爲中心

　　《三才圖會·人事》卷一有「鼓琴圖」三十四幅，版畫與字體風格皆與前後文不同。筆者初步推斷「鼓琴圖」諸版畫，可能直接抄自明後期書商胡文煥《新刻文會堂琴譜》〔註79〕卷三《指法字譜第十四》部分，而與明張大命《太古正音琴經》〔註80〕、明刻本《太音大全集》〔註81〕、明楊掄輯《太古遺音》〔註82〕等也有淵源關係。下面，我們據「四庫全書存目叢書」〔註83〕所收《新刻文會堂琴譜》加以比較、分析。

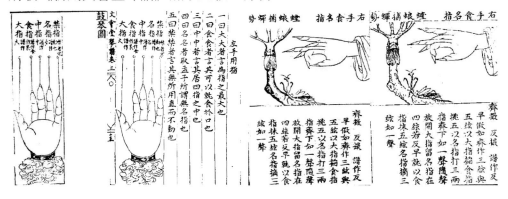

《三才圖會·鼓琴圖》、《新刻文會堂琴譜》手圖　　　兩書「螳螂捕蟬勢」圖傳（前爲《圖會》）

　　此鼓琴圖全部採用上圖下文的形式，加以編排。其中，圖版部分，左爲手指形象與指法示意，上有文字說明；右爲指法神韻形象圖，編纂者採用鳥獸蟲魚之態，加以名義，以使圖版形象、生動、典雅、風趣，指法更加形象、易懂，便於教學，便於掌握，有很高的藝術性、觀賞性及指導性。圖下傳文部分，主要說明指法名稱及動作要領。圖文相得益彰，可謂形、神、韻、思兼備，初學者視琴譜爲畏途，多不得要領，此圖採擷多種琴譜，結合實踐經驗，加以梳理、提煉、總結，並輔之於形象化圖版，使讀者一望便知，容易揣摩要領，領會意境，頗便初學〔註84〕。

〔註79〕　明萬曆二十五年刻本。
〔註80〕　明萬曆刻後印本。
〔註81〕　疑爲明正德、嘉靖間刻本，現藏中國國家圖書館。參薛冰：《插圖本》，第131～132頁。
〔註82〕　不分卷。明萬曆年間李嘉遇刻「琴譜合璧」二種本，又收錄於「四庫全書存目叢書·子部」，第74冊，第490～604頁。
〔註83〕　「子部」第74冊，第1～168頁。
〔註84〕　此即編纂者卷首所謂「古人因聲音而譜字，以手勢而像物，措意深遠，未容

　　又，兩書「右手食中名指：振索鳴鈴勢」圖傳兩圖略有差別。《新刻文會堂琴譜》圖版中，繩索清晰，桿子形象，執桿之手五指等方面，皆清晰可見，腕部、袖口及袖口如意紋等皆描畫細緻，圖版上側手型、指節、動作等亦形象逼眞；相較而言，《三才圖會》轉刻圖版中，遺失桿上繩索、鈴鐺之墜，執桿手型不甚清秀，袖口線條亦有簡化。除以上差異外，《三才圖會》將「振索鳴鈴勢」之「勢」字，訛爲「執」字。據此，相較於書商胡文煥而言，王氏父子竟亦有勘校複核不精、刻版把關不嚴的弊病，需要注意。

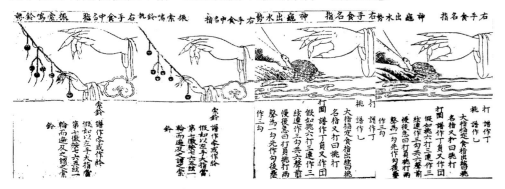

《新刻文會堂琴譜》、《三才圖會》「振索鳴鈴勢」、「神龜出水勢」（前圖「文會堂」）

　　當然，《三才圖會》刊刻精緻、饒有特色之處亦多。如同卷「神龜出水勢」圖版，王氏父子圖版在堤岸皴法、線描草龜以及水波紋式等方面，皆略勝一籌，特別是堤岸描畫方面，《三才圖會》能明顯看出皴法痕跡，而《新刻文會堂琴譜》則爲細線勾畫，線條雖亦流暢、細密，可供觀閱，但略顯拙樸。除此之外，《三才圖會》「空谷傳聲勢」圖版中，山石、草木等形象略具皴法筆意，較《新刻文會堂琴譜》之線條勾勒，亦略有進步；「文豹抱物勢」，《新刻文會堂琴譜》豹身毛髮濃密，如不仔細辨認，則幾乎無法得知具體物種；《三才圖會》則略作調整，減少毛髮描畫，凸顯豹身紋飾，觀者一目了然，豹首、松枝、松葉等皆加以簡約，以現豹之特徵、動作與神情。據此，《新刻文會堂琴譜》的諸多圖版與《三才圖會》相比，仍有明顯差距，這也進一步說明版畫作品後出專精的道理。

易曉。兼傳寫訛誤，尤爲難辨。今參諸博雅，得之手傳口授，雖未能盡善，庶幾近於人情物理，可以開示新學，非敢爲知音者道耳」之意。參錢曾述古堂藏明代刻本（此本卷末有錢曾七言詩一、跋一。跋語所示年代爲「丁巳」，即康熙十六年（公元 1667 年），錢曾四十八歲。具體刊刻年代不詳）。又，《中國版畫史圖錄》著錄爲「袁君哲編，明宣德間刊本」，未知何據。

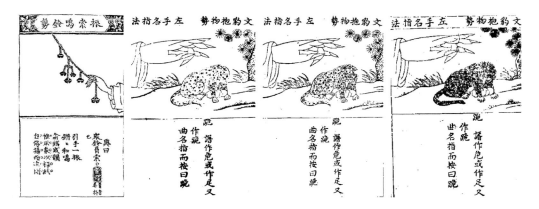

《太古大全集・振索 「四庫存目」、上圖藏《三才》、《新刻文會堂琴譜》載「文豹抱物勢」
鳴鈴勢》

　　當然，作爲明後期著名書商的胡文煥，其書名「新刻」即已標明此《琴
譜》必有所本；在暫時無法得見諸多琴譜的情況下，通過圖版比較、傳文比
較〔註85〕、條目順序、標題比較〔註86〕，《三才圖會》與《新刻文會堂琴譜》
所載圖版幾乎全同，我們僅能認定王氏父子據胡氏刻本重新雕版、刊刻而成。

　　又，據筆者簡單核查，《三才圖會》鼓琴諸圖與明刻本《太音大全集》、
明楊掄輯《太古遺音》皆有淵源關係。但初步比較時，我們發現：以《三才
圖會》圖版爲例，《太音大全集》、《太古遺音》等所載「手形圖」皆相似；而
鼓琴各勢各圖，後二書皆僅載「指形圖」〔註87〕，而無諸禽鳥、蟲獸造型圖，
此爲重大區別。

　　從手指指形、動作來看，《三才圖會》、《新刻文會堂琴譜》等所載「賓
雁銜蘆勢」、「鳴鶴在陰勢」二種，與《太古遺音》「右手和弦勢」、「右手輪
指勢」〔註88〕，幾乎全同，但《太古遺音》等書僅載手形八勢，與《三才

〔註85〕如胡文煥《新刻文會堂琴譜》「號猿升木勢」傳文中「敦譜作享，即山犾」
　　　　後面有闕字二，《三才圖會》闕文與此同；又如胡氏《新刻文會堂琴譜》所
　　　　載「辨指」、「八法」、「勾琴總字母」、「右手指法」、「左手指法」等條目、文
　　　　字，《三才圖會》亦載；與胡氏本相比，王氏父子將此内容統一置於「鼓琴
　　　　圖」之後。
〔註86〕如胡文煥本《新刻文會堂琴譜》自「神鳳銜書勢」開始，標題格式變爲左手
　　　　指法、右禽蟲比喻名，與前面各勢標題格式正相反。《三才圖會》刊刻時，亦
　　　　承此變化，未作調整。
〔註87〕此爲筆者據文義、圖義所加，諸書中皆無是名。
〔註88〕正德、嘉靖間刻本《太音大全集》亦載此圖。

圖會》所載三十四勢，亦顯簡單。與《新刻文會堂琴譜》、《三才圖會》相
比，正德、嘉靖年間刻本《太音大全集》亦載三十四勢，但插圖、傳文又
有明顯差別。《太音大全集》圖版中，指形圖居前，禽蟲圖居後，皆分開編
排；另外，兩類插圖下皆有傳文，指形圖下傳文與《三才圖會》皆為「指
法字譜」說明，但「禽蟲圖」下，則為讚文。此是三本之間的又一不同，
值得注意。

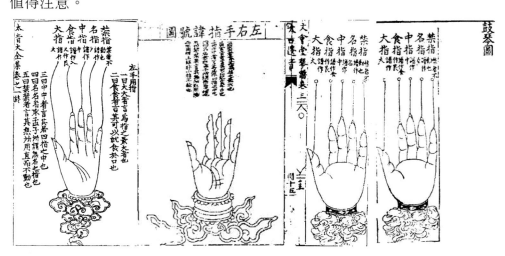

《太音大全集》、《太古遺音》、《新刻文會堂琴譜》、《三才圖會》所載指形圖

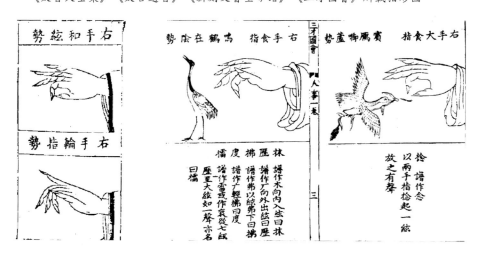

楊掄輯《太古遺音》「右手諸勢」　　《三才圖會》「賓雁銜蘆勢」、「鳴鶴在陰勢」

　　總之，我們推斷：《三才圖會》圖傳部分，似直接抄自《新刻文會堂琴譜》。其與《太音大全集》、《太古遺音》諸書的關係則是：《太音大全集》面世最早，《新刻文會堂琴譜》多有參考，《三才圖會》亦有參閱；《太古遺音》淵源有自，亦為明代流行《琴譜》的合編重刻，《新刻文會堂琴譜》刊刻時代與其相近，《三才圖會》直接參閱最多。

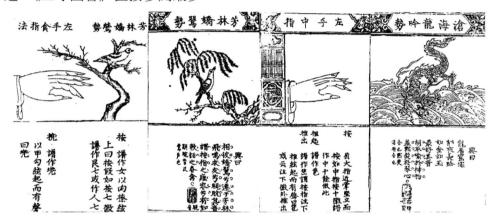

《三才圖會‧芳林嬌鶯勢》《太音大全集》所載「芳林嬌鶯勢」及「左手中指」圖傳、圖讚

　　下面，我們再分析一下《三才圖會》中的部分畫譜。王氏父子所匯刻的童蒙藝術教材型「畫譜」中，「梅譜」部分直接將王思義所編《香雪林集》卷一、卷二之《梅圖》及卷二十五之《畫梅全譜》，摘編插入《三才圖會》中〔註89〕，其源頭則是南宋景定年間金華雙桂堂所刻宋伯仁《梅花喜神譜》〔註90〕。下面我們以萬曆三十三年王氏自刻本〔註91〕為據，簡單加以分析。

〔註89〕案，據英國漢學家柯律格先生所示：以《梅花喜神譜》為源頭，1597 年周履靖刻本《夷門廣牘》所收《羅浮幻質》、1599 年刻本《四民便覽三台萬用正宗》、1607 年楊爾復刻本《圖繪宗彝》等，均有「大量轉借傳抄內容」梅花譜之圖。參氏撰：《明代的圖像與視覺性》，第 138～139 頁。限於條件，以上兩本尚未得見，筆者僅以《香雪林集》為參考對象。

〔註90〕現藏上海博物館，文物出版社 1981 年曾影印出版。此部分文字，還參考朱仲嶽：《宋刊孤本〈梅花喜神譜〉》，《中國歷史文物》，2002 年第 5 期；張東華：《格致與花鳥畫》，中國美術學院 2012 年博士學位論文，金觀濤等教授指導；華蕾：《〈梅花喜神譜〉版本考》，復旦大學 2010 年碩士學位論文，陳正宏教授指導；鄧軒：《〈梅花喜神譜〉研究》，上海大學碩士論文，顧平教授指導。

〔註91〕案，《香雪林集》版心有「沈元震刻」或「雲間沈元震刻」字樣，據此，此書當刻於雲間（今之上海松江區）。但薛冰先生認為，此本刻印地點為蘇州，是「蘇州派」插圖本的典型代表，存疑待考。參氏撰：《插圖本》，第 90 頁。

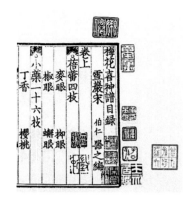

《梅花喜神譜‧目錄》（宋刻本）〔註92〕　　　　　　《梅花喜神譜‧後序》〔註93〕

《梅花喜神譜》、《香雪林集》（第二、第三圖）〔註94〕、《三才圖會》（二圖）所載「麥眼」

　　上述四圖名曰「麥眼」，如剛抽穗的麥芽或初春枝頭萌生的嫩芽，為《梅花喜神譜》、《香雪林集》、《三才圖會》三書所載梅花「蓓蕾」〔註95〕之形。王思義《香雪林集》圖版，與《梅花喜神譜》幾乎全同，據此可見王氏應該直接將《梅花喜神譜》之圖，輾轉編刻，納入《香雪林集》中。但王思義協助父親編纂《三才圖會》時，則做了靈活調整。《三才圖會》圖版雖亦為梅蓓蕾之形，但採用雙勾筆法，與《梅花喜神譜》、《香雪林集》相比，更加惟妙惟肖，這是值得稱道的地方。

〔註92〕　此圖版轉引自朱仲嶽：《館藏宋刊〈梅花喜神譜〉及諸版本》，《上海博物館集刊》，1996 年。並參傅怡靜：《論宋人私刻〈梅花喜神譜〉的藝術價值》，《中國書畫》，2008 年第 11 期。
〔註93〕　此圖轉引自張東華：《格致與花鳥畫》，第 402 頁。
〔註94〕　前圖選自《香雪林集》卷二「梅圖‧麥眼」，後圖選自同書卷二十六「畫梅圖訣‧麥眼」。
〔註95〕　此名採自《梅花喜神譜》卷上。

《梅花喜神譜》、《香雪林集》之「開鏡」　　　　　《三才圖會》所載「窺鏡」

　　上述各圖名稱有異，筆法當相似。其中，《梅花喜神譜》、《香雪林集》皆名之曰「開鏡」，而王氏父子後出之《三才圖會》則名之曰「窺鏡」。仔細分析三圖枝幹、花型、花蕊甚至花朵朝向，我們認定《三才圖會》「窺鏡」之名，當與上述「開鏡」相同。《梅花喜神譜》、《香雪林集》名曰「向日」者，《三才圖會》節選梅朵局部，名之曰「向陽」。雖然諸圖梅花朝向有異（前二者為側向，以表明向陽之義），但花瓣、花蕊則有相似之處，筆者暫將其歸入一類。與此類似者，還有「孟嘉落帽」諸圖，讀者可自行參閱（見下面有關圖版）。

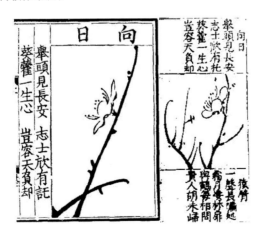

《梅花喜神譜》、《香雪林集》之「向日」　　　　　《三才圖會》所載「向陽」

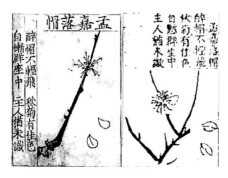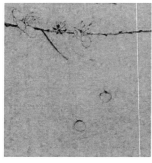

《梅花喜神譜》、《香雪林集》「孟嘉落帽」　　楊補之《四梅花圖》〔註96〕　《三才圖會》「落帽」

　　另外，還存在三書圖版相同，而名稱有異的情況。《梅花喜神譜》、《香雪林集》、《三才圖會》三書中，皆載「蟹眼」條目。《梅花喜神譜》圖版，載梅幹二、梅枝一、花苞五、苞外花芽亦五，著墨濃淡均勻，筆觸簡約洗練，充分體現宋人版畫的神韻。《香雪林集》所載「蟹眼」條目、詩讚等全同，但梅枝、幹、花苞形象與《梅花喜神譜》有明顯差異，王氏此圖枝幹張揚，花苞稀疏，構圖合理，很有特色。王思義後來刊刻《三才圖會》時，為與《三才圖會》前後文體例統一，僅截取「蟹眼」局部，用以表現枝幹、花苞之形，這是諸書之間的明顯區別，請讀者務必注意。

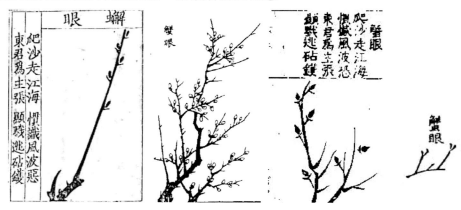

《梅花喜神譜》、《香雪林集》（中間二圖）〔註97〕、《三才圖會》「蟹眼」

〔註96〕案，《梅花喜神譜‧孟嘉落帽》及楊補之《四梅花圖》，皆選自張東華：《格致與花鳥畫》，第20～21頁。

〔註97〕前圖選自《香雪林集》卷一「梅圖‧蟹眼」，後圖選自同書卷二十六「畫梅圖訣‧蟹眼」。

　　總之，《三才圖會》所載「梅譜」部分，全部以王思義《香雪林集》所載《梅圖》、《畫梅圖訣》〔註 98〕等卷圖傳爲基礎，採擷精華，重新編排，刊刻而成。而《三才圖會》梅譜編纂體例方面，又充分吸收宋伯仁《梅花喜神譜》的精髓，自「蓓蕾」、花苞（「小蕊」）、花蕊（「大蕊」）、花枝（「欲開」、「大開」、「爛漫」〔註 99〕）的畫法、技法展示爲始，隨後則是以枝幹爲主、各式梅花圖的詳細羅列，有局部，有整體，有分解，有統合，充分吸收《梅花喜神譜》的精髓。

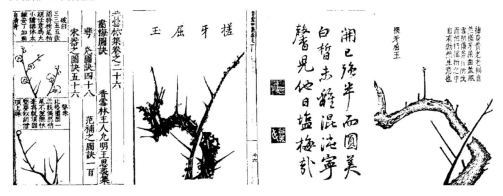

《香雪林集·畫梅圖訣》　　　《香雪林集·梅圖·槎牙屈玉》　　　《三才圖會·畫梅圖》「槎牙屈玉」

〔註98〕 筆者案：王思義《香雪林集》卷二十六卷首（見文中節選圖版），詳細標明「畫梅圖訣」的來源，即：華光（光）四十八，宋人范諷（字補之）一百，宋人宋伯仁（字器之）五十六。

〔註99〕 案，此段加引號之名目，皆借自《梅花喜神譜》卷內條目。參朱仲嶽：《宋刊孤本〈梅花喜神譜〉》，《中國歷史文物》，2002 年第 5 期；華蕾：《〈梅花喜神譜〉版本考》。筆者案：觀閱華氏碩士論文感慨頗多，華君與予同年入學，同所學習，君爲碩士，予爲博士，學號亦僅一字之異。君隨陳正宏教授研習古典文獻學，予隨吳金華先生研習漢語史。予之漢語史研究未得延續，轉而從事藝術文獻學研究，博士畢業兩年之後，與君宏文謀面，華文精義紛呈，創獲亦多，聯想諸多相似之處，感慨頗多。歲次甲午中秋八月四日，筆者草於滬上伏雲山舍。